纸上博物馆

——嘉峪关长城博物馆

李进贤 编著

燕山大学出版社

·秦皇岛·

图书在版编目（CIP）数据

纸上博物馆 ： 嘉峪关长城博物馆 / 李进贤编著. --
秦皇岛 ： 燕山大学出版社，2024.8
ISBN 978-7-5761-0655-8

Ⅰ．①纸… Ⅱ．①李… Ⅲ．①长城－博物馆－介绍－
嘉峪关市 Ⅳ．①K928.77-28

中国国家版本馆 CIP 数据核字(2024)第 063509 号

纸上博物馆
——嘉峪关长城博物馆
ZHI SHANG BOWUGUAN

李进贤 编著

出 版 人：陈　玉

责任编辑：张岳洪　　　　　　　　　　　图书策划：胡　杨　陈　玉　张岳洪

责任印制：吴　波　　　　　　　　　　　封面设计：方志强

出版发行：燕山大学出版社　　　　　　　电　　话：0335-8387555
　　　　　YANSHAN UNIVERSITY PRESS

地　　址：河北省秦皇岛市河北大街西段 438 号　　邮政编码：066004

印　　刷：河北赛文印刷有限公司　　　　经　　销：全国新华书店

开　　本：787 mm×1092 mm　　1/12　　　印　　张：10

版　　次：2024 年 8 月第 1 版　　　　　印　　次：2024 年 8 月第 1 次印刷

书　　号：ISBN 978-7-5761-0655-8　　　字　　数：200 千字

定　　价：88.00 元

序

嘉峪关长城博物馆的"长城历史文化陈列"以嘉峪关为依托，以文物为展品，以中国长城中的河西长城为展示重点，深入发掘长城所蕴含的丰厚的文化内涵，全面揭示了长城所代表的民族性格与民族精神。中华长城精神，将激励国人不懈奋斗，实现现代中国振翅腾飞，傲然挺立于世界民族之林！

在当今中国的几家专题性长城博物馆中，嘉峪关长城博物馆是最早开办的专题博物馆之一。20 世纪 80 年代末，为颂赞长城精神，弘扬长城文化，嘉峪关市委市政府成立了嘉峪关长城博物馆。博物馆成立伊始，即以其风格特异的建筑和高水平的陈列展览获得了一致好评。多年来，嘉峪关长城博物馆的基本陈列在社会主义文化事业建设中发挥了积极的作用，产生了广泛的社会影响。老馆过去取得的成绩，为新馆的建立奠定了坚实的基础。

21 世纪初，嘉峪关市委市政府对嘉峪关长城博物馆愈加重视，通过精心策划和统筹安排，为博物馆选定了更有利于发展的新址。建于嘉峪关关城之下景区范围内的博物馆，以雄伟的长城作背景，以巍峨的关城为依托，为景区增添了厚重而丰富的人文色彩，大大方便了广大游人的需求。

2013 年，习近平总书记提出"一带一路"倡议，融通古今、连接中外，赋予古丝绸之路以崭新的时代内涵，承载了丝路沿线国家发展繁荣的梦想，获得了广泛认同和积极响应。作为丝绸之路黄金段节点城市，嘉峪关将致力于政策沟通、产业互通、文化融通、金融畅通、设施联通，努力打造依托丝路、通联四省、辐射中亚、特色鲜明的区域中心城市和"一带一路"倡议支点城市，为建设和平之路、繁荣之路、开放之路、创新之路、文明之路，推动"一带一路"倡议，作出应有贡献。

嘉峪关市委市政府力主从城市形象上塑造丝路长城，进一步推进丝路文化、长城文化的研究阐释和现代传播，推进丝路文化和长城文化聚集、交融、积淀，将嘉峪关打造为丝绸之路文化创意城市公园，又将长城博物馆纳入新建的丝绸之路博览园之中，长城博物馆迎来了新的发展机遇。

　　"长城历史文化陈列"旨在从长城历史文化之角度，襃扬中华民族自强不息的奋斗精神，颂赞中华民族刚毅坚韧的民族性格。中国长城特别是河西长城所代表的古代中国开拓进取的精神，是现代中国全方位改革开放之时代精神的先声。本陈列弘扬长城文化与长城精神，正是为现代化的社会主义中国及中华民族走向世界、巍然屹立于世界民族之林而放声高歌。

　　本陈列秉承改革开放的时代精神，体现面向社会、服务大众的宗旨，坚持理念的现代化，倡导内容的科普化与形式的艺术化。在遵循严谨的学术性的前提下，力求使陈列内容深入浅出、通俗易懂，陈列形式美观大方、形象生动。本陈列充分运用各种现代表现手法，尽可能增加陈列的观赏性、趣味性与娱乐性，追求雅俗共赏、老少咸宜之总体效果，力图达到润物无声、寓教于乐的社会教育之目的。

　　嘉峪关长城博物馆如何找到自身的特点而准确定位，并因之突出本馆陈列的特色，我们认为有三个要点：（1）在一般性介绍中国长城的前提下，尽力突出"河西长城"与"丝绸之路"的共生关系与血肉联系，使本馆陈列具有他处所无的天然优势，而结合丝路文化来谈河西长城，可更深刻地揭示长城文化的丰厚内涵。（2）广义地而非狭义地理解"长城文物"，突破"以城说城"的狭隘观念，充分利用馆藏文物，便于为本馆陈列增添丰富多样的展品，打开绚丽多彩的社会历史画卷。（3）重点展示天下第一雄关——嘉峪关，贯通古今，横向展开，突出地域性特色，并强调其在今天"西部大开发"中的重要战略地位。本陈列因"河西长城丝路文化""河西长城文物""古今嘉峪关"而具有不可替代性，同时，亦避免了与其他几家长城博物馆在陈列内容与形式上的雷同。

胡杨

前言

马蹄声声，战车隆隆，刀剑铮铮，人马嘶叫，在中华民族痛觉的敏感处，我们看见了长城。

在荒凉的戈壁，在无垠的沙漠，在险峻的山岭，在辽阔的平原，在和平的歌声中，我们感悟长城。

在中国历史上，长达万余里长城的出现，是在秦始皇统一中国之后。《史记·蒙恬列传》中记载："秦已并天下，乃使蒙恬将三十万众，北逐戎狄，收河南，筑长城。因地形，用险制塞，起临洮，至辽东，延袤万余里。"万里长城出现的历史背景和建筑特色，在这段记载中，可以说一览无余。

长城是一个巨大的军事防御工程，它与长城内外的许多防御设施、通信交通、指挥中心、后勤保障构成了完整的防御体系。

自秦始皇修筑万里长城以后，西汉、东汉、北魏、北齐、北周、隋、辽、金、元、明等朝代都大规模地修筑过长城。其中，秦、汉、明三个朝代修筑的长城都超过了5 000公里。历经岁月的风霜，明代以前的长城大都破败不堪，我们现在看到的雄伟壮丽的长城遗址基本上都是明代修筑的。

明代是我国万里长城修筑的最后一个高峰时期，也是万里长城的最后完成期。明长城的修筑从洪武元年（1368）开始，前后共修18次之多，一直到公元1600年后才基本完成。长城凝聚了劳动人民的血汗，蕴含了中华民族的智慧，屹立在东方大地，成为中国历史上最光辉的篇章。

明代万里长城是我国历代长城的继承和发展，但其建筑技术、通过路线，都与历代长城有很大的差异。从建筑技术上看，秦汉长城多为夯土建筑，而明长城多为砖石建筑；从通过的路线上看，与秦长城相比，明长城的整体位置向南移动了不少。

长城是草原游牧和定居农耕的分界线和汇聚线。长城外，雪山高耸，溪流潺潺，牧歌悠悠；洁白的帐篷，成群的牛羊，奔驰的骏马，天苍苍，野茫茫，一派自由、美丽的景象。长城内，阡陌纵横，客舍连绵，柳色青青；春天的耕种，秋天的收获，到处洋溢着丰收的歌声。大道边，驼铃叮当，商贾云集，驿使飞驰……长城保卫着各族人民的幸福安宁生活，两种文化的渗透和融合，促进了长城内外经济、文化的发展。

有了墙，就有了破墙而入的欲望，就有了交流的要求。在游牧民族方面，畜牧经济使他们有了大量的畜产品可供交换，尤其是迫切需要换回粮食、布帛、铁器、茶叶，以解决他们生产生活上的困难；在农耕民族方面，战国以后商业已有很大的发展，游牧地区出产的牲畜、皮裘等已成为中原地区人民十分重要的商品。由于经济上互相交往的需求，南北各族人民常常不畏艰险，克服各种障碍开展贸易。有了长城，这样的经济贸易交往更加便利。

今天，长城早已失去它的防御功能。我们保护长城，因为它是我们民族的脊梁；我们瞻仰长城，因为它是我们昨天的见证。在新的历史条件下，它仍将闪耀灿烂的光辉，鼓舞我们去创造比长城更加雄伟的事业。

目 录
contents

03 第三单元　长城主宰　丝路要塞 [嘉峪关长城与绿洲文化]

04 第四单元　山河形胜　绿洲风情 [嘉峪关盛景]

中国长城第一馆 ✿ 嘉峪关长城博物馆

在人类文明史上，有一项举世闻名的创举，它就是中国的万里长城。长城宛若一条巨龙，东起鸭绿江畔，跨越千岭万壑，横穿苍茫草原；西至大漠戈壁，纵横万里，雄峙千年，谱写下惊天动地的历史篇章。中国人被誉为"龙的传人"，而长城正是这条巨龙的形象写照，是中华民族的象征。

铭记长城历史，弘扬长城文化。位于嘉峪关关城文化景区内的嘉峪关长城博物馆，是集展示长城文化、长城历史和长城学研究成果于一体的专题性博物馆，气势恢宏，内容丰富，堪称"中国长城第一馆"。

◆ 嘉峪关长城博物馆

展厅内，大型油画《长城万里图》，以写意和写实相结合的表现手法将中国东部长城、中部长城和西部长城的主要景观浓缩于画卷之中，突出河西长城的代表——嘉峪关关城，营造出我国幅员辽阔、气壮山河、广袤无垠的宏伟气势。此画长21米，高10.5米，总面积220.5平方米，是西北地区大型油画在博物馆展出的首创之作。

博物馆的陈列展览在设计上充分体现了学术性、知识性、互动性的统一。陈列展览区分上下两层，有7个展厅，共2 700平方米，分为"长城历史沿革""古代长城战争""河西长城与丝绸之路""古今嘉峪关"4个单元。嘉峪关长城历史文化陈列共有展板121块，15 000余字，图片108幅，模型18个，文物242件，复制文物38件（套），立体雕塑3个，浮雕110平方米，图表31幅。内容丰富，史料翔实，可观赏性强，艺术品位高。展览充分利用声、光、电等现代科技手段，安装了自动安防监控和报警系统、自动消防报警系统、多媒体自动查询系统等较为先进的设施，在西北地区博物馆中居领先水平。

"长城历史沿革"，以光电显示的方式直观地反映了中国历代长城的分布状况；以北部中国的自然地貌为基础，着重展示了长城在北中国广阔空间中的布局形态，各朝各代长城的空间分布及修筑沿革情况；历代长城修建年代表，高度概括了历代长城修建的总体情况，为观众建立起系统而久远的长城历史发展脉络。

地域性与整体性相结合、历史性与时代性互补，嘉峪关长城博物馆在展示长城全貌的同时，特别强调了河西长城的历史地位。

在河西走廊这片神奇的土地上，长城的修筑始于汉武帝时期。这条总长1 200多公里的汉长城，东起兰州，西至敦煌玉门关，中间连接内蒙古额济纳河的居延塞和甘肃白杨河的武威塞，墙塞城堡相连，丝绸之路相伴，绿洲阡陌在望，成为茫茫戈壁之上一道气势宏伟的风景线。嘉峪关长城博物馆突出了河西长城这一万里长城中不可或缺的部分，表现出了浓郁的地方特色。

长城建筑模型，主要表现长城工程体系中各类建筑的功能特征，以三维的方式呈现给观众，形象直观。墙垣、墙台、敌台、关隘、烽燧、亭埠、城障等模型精致美观。

长城博物馆内珍藏的数百件珍贵的长城文物，从微观的角度将观者带进了长城广博丰富的历史。

博物馆的"古代长城战争"陈列，旨在将 2 000 年长城沿线战争的悲壮与惨烈浓缩于一瞬。当游牧文明与农耕文明发生碰撞时，战火就在这条漫长的冲突带上燃烧起来，长城成为双方军事力量生死搏斗的血肉火线。2 000 年来，数不尽的攻、防、和、战，在长城上下展开了一幅幅波澜壮阔的军事画卷。长城内外，烽烟四起、刀兵相接、枪炮齐鸣、人仰马翻，战争的悲壮与惨烈令人震撼。

展厅中从刀枪弓箭等冷兵器的摆设，到地雷火炮等热兵器的布陈，各色古代武器齐聚一堂。有些展品还具有参与性，火炮可任由观众触摸，"转射"可听凭观众转动。此区的设计特点是展品列队布阵，场面气势宏大，富有动态感与参与感，给观众以强烈的视觉冲击力和震撼力。

◆ 西出阳关

长城以强大的防御系统及卓有成效的军事保护功能，为中西交通之路提供了有力的保障，为一方民众创造了和平安定的环境，因而万里长城所承载的历史，并不全是厮杀与征战，长城脚下更多的是驼铃悠悠、人欢马嘶、商队络绎、使者往来的繁荣景象。

超写实雕塑场景——"西出阳关，春风玉门"，以河西阳关和玉门关为背景，运用现代高分子材料，以超写实雕塑为表现手法，生动地展现了守关将士西出阳关时的依依惜别之情与胡商牵驼、千里奔波、一朝入关的欣喜之景。

由军事而言及社会生活，这一单元的陈列主题，是"河西长城与丝绸之路"，展现了长城护卫之下的河西地区丰富多彩的生活景象。

河西长城与丝绸之路相伴相随，相互依存，为中国古代历史谱写了华丽的诗篇。自古以来嘉峪关即为河西长城的代表，也是丝绸之路通向西域的咽喉，将长城文化与丝路文化紧密联系，是本陈列的最大特色之一。

"河西长城与丝绸之路"单元从河西长城管理、河西屯田、河西丝绸贸易、河西长城各族人民生活四个层面，重点展示了河西长城的道路与交通、边关行政、出入境制度、军屯、民屯、丝绸生产、丝路贸易、各民族社会生活、文化交流与民族融合等重大主题，通过对河西长城与丝绸之路的历史关系的展示，揭示出河西长城对中国古代丝绸之路的繁荣和西北地区社会经济的发展所发挥的重大历史作用。

长城绝非是一道自我封闭的围墙，而是华夏民族开发建设边疆、吸收与传播文明的一项宏伟事业，是中华民族开拓创新精神的物质体现。

嘉峪关作为中国长城沿线上最为雄奇壮观，且保存最为完整的关城，素有"天下第一雄关"的美誉。嘉峪关长城博物馆还以图片等形式展示了古代嘉峪关的历史沿革及其显要的历史地位，展示了嘉峪关地区丰富多彩的人文自然环境，这里不仅有雄伟壮观的万里长城、险峻陡峭的悬壁长城、古老静穆的长城第一墩、神秘而耐人寻味的黑山石刻和以"地下画廊"著称的魏晋墓群等历史文化遗存，还有冰川雪峰、大漠草原、湖泊水乡、花海、魔鬼城风蚀台地、讨赖河大峡谷、镜铁山天鹅湖、胡杨林等自然景观，从而极大地丰富了长城的文化内涵。

嘉峪关长城博物馆已成为嘉峪关对外交往的重要窗口，中国丝绸之路旅游线路上的又一处亮点。

◆ 嘉峪关关城掠影

第一单元
长风万里　冰河铁马

——

长城历史沿革

"长城历史文化陈列"开篇介绍长城的历史，包括两大部分，分别从时间、空间两个角度阐释长城，通过其兴建沿革、建筑形态及修建用材等，勾勒出长城之大要轮廓。"长城历史沿革"单元第一部分的设置强调两个结合：中华长城的全貌与河西区域特点的结合，近 3 000 年长城修建的历史与汉、明两代重要时段的结合，将长城兴废毁替、增补完善之历史有特色、有重点地表述出来。主旨是强调长城的沧桑与悲壮，建立起深邃厚重的长城历史感，传达出长城所代表的坚韧不拔的民族性格与精神。第二部分以长城建筑的空间结构为展示重点，对长城建筑作剖析性介绍。本部分陈列将整个长城建筑按不同的结构形态进行梳理，择重点分类展出，既揭示长城建筑各部分之功能特征，又综合说明长城建筑群体的系统关系，达到全面深入表现长城工程之目的。此区设计的特点是纵向贯通讲历史沿革，横向展开谈建筑类型与修筑方式，删繁就简，归纳综合，简明扼要，头绪清楚。第三部分以古代长城战争为表现主题，展开动态性的长城战争场景。第四部分的主体展品为立屏式大型模型——长城攻防演示图，对坚固的长城防御系统进行动态化的攻防模拟演示，配以各式古代武器的列队布阵，引领观众身临其境地感受历史的辉煌与沧桑。

◆ 河西咽喉，雄关英姿

壹 历代长城 ——————————— ONE

>> 长城起源

长城的起源可追溯到公元前 7 世纪的春秋时期，而筑城以防御则要早得多。在原始人类进入氏族社会以后，各个氏族便在他们所居之地周围挖沟筑墙，这一点早已为很多考古发现所证明。如西安半坡遗址，围绕着居住地有一条宽深各 5 ～ 6 米的防御性壕沟；安阳后冈龙山文化层中还发现过夯土墙，它围绕在龙山文化遗址的西、南两面，长约 70 余米，宽约 2 ～ 4 米；在登封王城冈及淮阳平粮台亦有夯土城址。这些壕沟和城墙全是为防御而设置的。

大约在公元前 21 世纪，原始社会逐渐解体，我国进入奴隶社会，城池防御在这一时期发展完善起来。相传发明城郭构筑技术的是夏禹之父鲧。鲧由四岳推举，奉尧命治水，其治水主要方法为沿河筑长堤以堵洪泻。后来他将修筑防洪堤坝的技术移用于筑城。这种说法是有道理的，古人最早称筑土障水为防。

商汤灭夏后，我国奴隶社会得到了较大的发展，商开始建都于亳，但其都城曾多次迁徙，最后一次盘庚迁都于殷。殷都故址在今河南省安阳市小屯村。新中国成立后考古专家对这一带进行了大规模的考古发掘，发现沿洹河两岸 5 公里的范围内分布着大量宫室、庙宇、住宅、坟墓等遗址。在小屯村西南至东北方向有一条长约 750 米、最宽处达 20 米、深 5 ～ 10 米的大沟，呈斜坡状，为护卫殷都而掘。

周武王灭商后，大规模地把封地连同居民分赏给王室子弟和诸侯功臣。这一时期除王室筑城外，诸侯各国都大筑城郭，以巩固其统治。同时为防御北方游牧民族的袭击，又在边境要地修筑连续排列的城堡"列城"以为守。《诗·小雅·出车》所记"王命南仲，往城于方"和"天子命我，城彼朔方。赫赫南仲，猃狁于襄"，说的就是周宣王为防御北方猃狁的进攻而命南仲筑建城堡的历史。这种沿国境构筑的军事据点，因战争频繁而逐渐增多，并在国都之间建有烽燧以传递军情。

到了春秋战国时期，随着战争规模的扩大、运动战的开始运用，以及战争以步兵、骑兵为主力，经常采用野战和包围战等方式，原来的防御手段远远不能满足军事的需要，于是就出现了用城墙把烽火台、城堡、河谷、山崖、壕堑、道路等联系起来的想法，从而在边境上形成了一个大规模的防御体系。这种防御体系，不同于只能防守一个都邑或据点的城堡，而是构成相当长的防线防卫着极为广阔的地区。就一个地段来看，它是一个完整的防御工程：既有传递军情的烽火台，又有瞭望口；既有戍守人员居住的城障，也有边城作为驻军和军需物资供应之地。同时，在交通要道处，还修筑可守可攻的关塞。由于它长达数里，甚至上千里，从总体上看是一条线状工程，所以被称为长城。

>> 先秦各国互防长城

春秋战国之际，处于我国政治发生重大变动和社会大变革时期，由于地主制经济的发展，较强大的诸侯国对别国土地、人口的占有欲也更强烈，兼并战争日益频繁，规模和范围不断扩大。经过一段时期的兼并战争，齐、楚、燕、赵、韩、魏、秦七国脱颖而出，历史上称"战国七雄"。这一时期，为了阻止邻国进攻，各国都不惜耗费巨资，修建长城。

楚长城。楚国有长城的记载，最早见于《左传》。公元前656年，齐桓公率诸侯国伐楚，兵至陉山，楚国派了一位叫屈完的使臣，迎住齐桓公所率大军。屈完对齐桓公说："君若以德绥诸侯，谁敢不服？君若以力，楚国方城以为城，汉水以为池。"关于楚方城就是长城这一说法，《汉书·地理志》中有准确的记载："叶，楚叶公邑，有长城，号曰方城。"近些年考古工作者发现的楚长城的部分遗址也证明了这一点。楚长城大致走向为由河南省邓州市的东北部起，沿镇平县域向北，又由南

召县西北方向转向东至鲁山县南，然后由叶县西部南转，循方城县与舞阳县至泌阳县域。南召县域内的楚长城是线路最长、保存最为完好的部分。

齐长城。齐国也较早修建了长城。据《竹书纪年》记载，公元前404年，三晋伐齐入长城。齐长城西起今山东省平阴县北，向东经泰安市西北至莱芜市北，然后向东，经沂山山脉，在安丘市东至胶县南的大朱山与小朱山之间入海。自古以连接齐鲁南北而著称的穆陵关就坐落于沂山之上。

燕南长城。燕为防齐，修建了南长城，同时也可作为防赵、御秦的依托。南长城的修建时间，据《史记·张仪列传》所述，张仪说燕昭王连横时提及"易水长城"可知，当筑于公元前311年之前无疑。这条长城由今河北省易县西南，向东南经徐水、雄县至大城县西南。因利用古易水的堤防与筑墙结合而成，所以当时多称"易水长城"。

赵南长城。据《史记·赵世家》记载，赵南长城筑于公元前333年，主要用以防魏，同时因秦强大，恐其逼魏而攻赵，也起防秦的作用。这条长城依漳河、滏阳河修筑。其自河北省武安县西南起，沿漳水经磁县到肥乡区南。

魏长城。魏国的长城有两处：一处是为巩固河西之地，修筑的魏河西长城；一

◆ 记述「长城」修建史实的清华简

处是为加强国都大梁的防务，在大梁以西、黄河以南修筑的魏河南长城。魏河西长城据《史记·秦本纪》和《六国表》记载，是自公元前361年至前351年，历经十年陆续修建的。由洛水堤防扩建而成，南起陕西省华县，越渭水、洛水，经今大荔、洛川等县，沿洛水东岸的堤防北上。魏河南长城又称"中原长城"，据《竹书纪年》记载，为公元前355年修筑。这条长城的大致走向是自河南省原阳县西始，经原阳县东一直到密县东北。

秦堑洛长城。公元前408年，秦为了抵御魏国的进攻，沿洛水修建了一条长城。其南端始于陕西省华阴市东南华山之下，经华阴市东北，跨过河渠至渭河；后过蒲城县境，向北延伸至白水县黄龙山麓。公元前324年秦国又在洛河中游修筑了一段上郡塞长城，以防赵国。其位置在陕西省富县、洛川两县的洛河西岸，东西两端分别止于黄龙山和子午岭。由于其修筑方法是筑墙与削掘河岸相结合，所以史称"堑洛长城"。

中山长城。《史记·赵世家》记载："（赵成侯）六年，中山筑长城。"事在公元前369年，强邻赵国与齐、魏相争之际。经推考，这段长城的位置可能在中山国西北边界，经河北省唐县、曲阳、行唐、灵寿、平山诸县循太行山南下，止于邢台市西北。

>> 先秦边地拒胡长城

战国中后期，与秦、赵、燕三国北境相毗邻的游牧民族开始进入奴隶社会，奴隶主贵族经常率兵到燕、赵、秦三国的北部地区掳掠牲畜、财物和人口，甚至侵入黄河北岸进行骚扰和劫掠，给北方地区人民的生产和生活造成灾难。由于他们善于骑射，长于野战，又机动灵活，来去神速，远非中原各诸侯国的步兵、车兵所能制约。同时，中原各诸侯国正忙于兼并战争，他们没有足够的力量和时间去抵抗北方游牧民族的侵扰。在这种复杂的战争形势下，只好在自己领土的边境地区筑起一道长墙以阻挡来犯之敌，从而避免两面临兵、腹背夹击之患。于是秦、赵、燕三国相继修筑了边地拒胡长城。

秦昭王长城。《史记·匈奴列传》载："秦昭王时，义渠戎王与宣太后乱，有二子。宣太后诈而杀义渠戎王于甘泉，遂起兵伐残义渠。于是秦有陇西、北

◆ 嘉峪关关城建筑工艺

◆ 赵北长城

地、上郡，筑长城以拒胡。"这条长城沿陇西郡、北地郡、上郡的北边修筑而成，起讫点和走径大致为：起于今甘肃省临洮县，向东南至渭源，然后转向东北，经通渭、静宁等县到达宁夏回族自治区的固原市。由固原市折为东北方向，经甘肃省环县，陕西省横山、榆林、神木诸县直抵黄河西岸。

赵武灵王长城。《史记·匈奴列传》有载："赵武灵王亦变俗胡服，习骑射，北破林胡、楼烦。筑长城，自代并阴山下，至高阙为塞。"可知此长城筑于赵武灵王时期。赵武灵王长城共有两条。一条在今内蒙古自治区乌加河以北，沿狼山一带修筑；一条由今内蒙古自治区乌拉特旗而东，经包头市北，沿乌拉山向东，经呼和浩特北、卓资和集宁区南，抵达河北省张北县南。近些年来，考古学家在大青山、乌拉山、狼山之间发现了不少赵长城遗址。

燕北长城。这道长城的修筑年代，史书没有明确记载，大约建于燕国大将秦开破东胡之后。《史记·匈奴列传》载：燕有贤将秦开，为质于东胡，东胡王甚信之。归国之后即率大军袭击东胡，东胡却地千余里。"燕亦筑长城，自造阳至襄平，置上谷、渔阳、右北平、辽西、辽东郡以拒胡。"就这一史实记载看来，当年的长城规模相当可观。这道长城西起河北省沽源县南，经燕山北麓沿围场县入内蒙古自治区赤峰市北和敖汉旗，继续东行进入辽宁省阜新县域，穿过辽河到开原市，再由开原转南，至宽甸县抵达鸭绿江畔。

>> 始皇长城

公元前 221 年，秦始皇统一六国，彻底结束了诸侯割据称雄的混乱局面，建立起我国历史上第一个统一的中央集权的封建专制王朝。

战国时期，匈奴借大国争霸的机会，乘机南下占领了赵长城、燕长城以内的河套地区，严重地威胁了秦后方的安全，被秦视为后患。秦始皇完成统一大业后，为巩固其统治地位，即瞩目于北方。经过对匈奴的几次战争特别是公元前215年和前214年两次战争，匈奴头曼单于不得不放弃黄河以南的大片土地即河南地及其政治中心头曼城（今内蒙古自治区五原县），向北退却近千里。

公元前214年匈奴向北退却后，秦国为防御匈奴以及东胡奴隶主贵族南下骚扰中原，在秦将蒙恬的指挥下，将战国时期秦、赵、燕三国北边的长城进行重新修缮和增筑，使其连接扩展，历时5年完成了这一西起陇西郡的临洮（今甘肃岷县），东到辽东，长达万余里的古代伟大建筑工程。同时，在匈奴退出的地方设置九原郡（今内蒙古自治区包头市域内），并因河为塞，筑县城44座，由九原郡管辖。此外，还采取移民实边

的政策，把内地人口于公元前214年和前212年先后两次迁移到河套地区垦殖土地。第一次是小规模的"徙谪"，《史记·秦始皇本纪》有"徙谪，实之初县"的记载即指此；第二次是"迁北河、榆中三万家"，还命蒙恬率兵20万长期驻守，坐镇上郡。这些措施，确实收到了防御效果，十多年"胡人不敢南下而牧马"。

关于秦长城是在秦、赵、燕三国长城的基础上加以修葺连接而成的说法，是指秦长城与三国长城的走向基本上是一致的。其中有些地段利用了三国的古长城，而大部分段落是新增扩建的，但秦始皇时期修筑的万里长城其工程规模之巨大、动用劳力之多，又远非三国旧长城可比。据统计，除去修缮三国长城，仅增筑部分就相当于原来三国长城总长度的一半以上；动用了约50万的劳动力，这个数字相当于当时全国男劳动力的十分之一。虽说在春秋战国时期，各诸侯国都投入较大的力量修筑长城，但最长的亦不过二三千里，只有秦始皇所筑长城逾万里，自此有万里长城之称。

经考证，秦始皇万里长城西起甘肃省岷县，经兰州市沿黄河北上，穿过内蒙古自治区乌兰布和沙地至狼山循山而东，经集宁区、兴和县至河北省尚义县域，由尚义向东北经张北、围场诸县，再向东经辽宁省抚顺市、本溪市转向东南，终止于朝鲜平壤西北部清川江入海处。

◆ 秦长城天盛城段

>> 汉长城

汉朝初年，匈奴大军进攻马邑，后下雁门，围攻太原，刘邦亲率大军迎战，却被围困于白登山达七日之久，史称"白登之围"。汉朝用重金贿赂匈奴阏氏，刘邦才得以返朝。此后，汉统治者重新估计当时的形势调整战略对匈奴实行"和亲"政策，以维护边疆的和平。经过近 70 年的休养生息，到汉武帝时，汉朝的国力已较强盛，反击匈奴的时机已经成熟。于是汉武帝集中全国力量，对匈奴开始从消极的防御转为积极的战略大反击。从公元前 127 年到公元前 119 年，汉军在卫青、霍去病的指挥下，多次向匈奴发动大规模的战争。其中最主要的是"漠南之战""河西之战""漠北之战"等三大战役，控制了匈奴的战略基地阴山地区，使匈奴的威胁基本上得以解除。

据历史文献记载，汉武帝修筑长城就在这一历史时期。汉武帝筑长城，大体可分为四次：第一次是在公元前 127 年，大将卫青出陇西北击楼烦之后，大规模地修复秦始皇所筑长城。第二次是公元前 121 年骠骑将军霍去病率精骑数万出兵北地郡，在祁连山麓与匈奴浑邪王、休屠王激战获胜之后，河西一带遂为汉朝所据。为巩固河西走廊的安全，汉武帝下令修筑了今甘肃省永登县至酒泉市的长城。第三次较大规模修筑长城是公元前 111 年至公元前 110 年间所筑由酒泉市至玉门关段的长城。第四次是公元前 104 年所筑由玉门关至新疆维吾尔自治区罗布泊段的长城。汉武帝在位 53 年，是汉长城迅速扩展的年代。经过武帝时期的修建，汉长城奠定了基本规模及格局。武帝以后一直到东汉均沿袭武帝之制，只在部分地区作了有限的增益，可以说汉长城，绝大部分是在汉武帝时期修建的。

武帝以后，对长城的增筑，主要集中于昭、宣二帝时期。昭帝时修筑了东段长城。宣帝时修建了罗布泊以西至库车的长城。经过武帝、宣帝两代 30 余年的经营，到了宣帝初年，西汉在北方的长城防线达到了鼎盛时期，汉长城从新疆库本县起向东经甘肃、宁夏、河北、内蒙古、辽宁等省、自治

◆ "汉武帝遗诏"木觚

◆ "东部深目"木楬

◆ "旁郡深目"木楬

◆ "亭上深目"木楬

◆ 敦煌大方盘城汉长城遗址

区，止于朝鲜大同江入海口以北。汉长城，较秦长城有所发展，总长度达到 1 万公里，是我国历史上最长的长城。

>> 明长城

　　公元 1368 年，朱元璋推翻元王朝统治，在南京称帝，国号明。被迫退回到漠北草原的蒙古鞑靼等部，仍时常率骑兵南下骚扰抢掠，企图恢复失去的统治。明中叶以后，女真崛起于白山黑水之间，也不断威胁明边境的安全。为了巩固北部的边防，朱元璋在当政之初，就开始修筑长城。从此之后，在明朝统治的 276 年中几乎没有停止过对长城的修筑。

　　明前期的长城工程主要是在北魏、北齐、隋长城的基础上增建烟墩、戍堡、关塞和壕堑，局部地段将土垣改成石墙。朱元璋命徐达修建了居庸关和山海关，命冯胜修建了嘉峪关，还修建了山海关边城约 10 公里和附墙敌台 12 座。永乐时大修烽墩，"筑石垣，深堑壕"。宣德时也建了一些塞堡。明军以这些墩台、塞堡、垣堑为依托，防御残元势力的进犯。

　　明中叶为了阻止敌方入塞，明朝实行以守为主的防御战略，大修边墙。特别是"土木之变"之后，瓦剌、鞑靼不断兴兵犯边掳掠，迫使明王朝把修筑北方长城、增建墩堡作为当务之急，于是建立了以大同、宣府、独石、马营为第一层，居庸、白羊、雁门、紫荆等关口为第二层，京畿涿州、保定、真定、易州等为第三层的防御体系，逐渐建成了今天我们看到的屹立在

◆ 明代筒瓦

北疆的西起嘉峪关,东到丹东虎山的万里长城。为了有效地对长城全线进行防务管理和修筑,还将长城全线划分为9个防守区,即辽东镇、蓟镇、宣府镇、大同镇、太原镇、榆林镇、宁夏镇、固原镇、甘肃镇,明九镇形成。每镇各设总兵官一人统辖,下设副总兵官、参将、游击将军、把总等分地守御。

明朝后期蒙古部落同明廷开展互市贸易,互通友好,北方边境稍有安定,边患主要为来自东北的女真族。从此明防御重心东移,开始了长城的重建和改线工程。隆庆年间在谭纶、戚继光主持下造砖石空心敌台1 000多座,增筑山海关石墙至南海口关入海口,修缮了环卫京师的内长城,今山西、河北交界的太行山的险关要隘。万历初年,辽东镇总兵李成梁拓边建宽甸、孤山六堡,继而重修辽东边墙,自锦州迤东抵三岔河,又自三岔河直抵旧辽阳。工程主要是建空心敌台,以砖石为墙。其后熊廷弼再次主持了修缮建堡的工役。随着辽东失守,明王朝几乎将"国家全副精神尽注山海关",使山海关成为一道城堡相连、烽火相望、点线面结合、有纵深、以屏蔽京师为重点的坚固防线。

明长城是我国历史上修建历时最久的长城,也是我国历史上工程最大、防御体系和结构最为完善的军事工程,它吸取前代修筑长城的经验,充分体现了古代工程建筑的高超技艺和劳动人民的聪明才智。

◆明长城板厂峪段

贰 长城是军事防御体系 ———————— TWO

>> 长城选址

长城，是一道高大、坚固而连绵不断的长垣。它的构筑，首先是从战略上按照中央的国防战略方针和完成战略、战役任务的要求，选定长城的大体走向。其次是从战术上根据敌情、地形条件，选定各防御要地和将这些要地连接起来的墙、壕的具体位置，利用山与海、山与河、山与山之间的有利地形地貌，通过人工筑城的方式把水陆天险有机地结合起来，构成一道进可攻、退可守的军事防线。

历代长城工程普遍采用的指导原则是"因地形，用险制塞""因边山险，堑溪谷"。因险阻敌，既可御敌制胜，又可节省物力、人力，达到事半功倍的效果。楚长城是利用伏牛山脉高地再连接河流堤防而形成的。秦堑洛长城是削掘洛河岸边的山崖而形成的。齐长城西起济水、浊水（今为黄河）的双重水防，又紧连着横贯海岱之间的自然天险，向东直入巨浪汹涌的黄海。史籍关于秦长城"从河傍阴山""据河北塞""地东至海"等记载，就是指借助了阴山山地、黄河和黄海等天险。明代则利用渤海、燕山之间的狭窄地带设置了"两京锁钥无双地，万里长城第一关"的山海关，在千里河西走廊、在银光闪耀的祁连山雪峰与黑山之间，修建了河西重镇嘉峪关。明代还利用燕山与蒙古高原、太行山、恒山相连又相错的山势，修筑外长城和内长城，设置了内三关与外三关。在山西的偏关、宁夏的横城、甘肃的景泰等地，利用黄河与贺兰山、祁连山之间的险要修筑了长城。

具体到某段城墙施工的选址更是如此，从现存的长城遗址的有关调查中，可以看到巧妙选择有利地形修筑城墙的例子比比皆是。如居庸关、八达岭城墙都是沿着山脊修筑的，因为山脊本身就好似一道大墙，再在山脊上修筑城墙就更加险峻了。而且在修筑时更注意利用山脊的崖壁来修筑城墙，有的长城段从外侧看去非常陡险，但内侧却较平缓，因外侧是为了御敌，而内侧则是供防守士卒上下的。有的山脊外侧巨石悬崖本身即可防御，利用原来的悬崖巨石或陡坎险坡稍加修筑平整即可成险阻。这一点正如汉元帝时的郎中侯应所说："或因山岩石，木柴僵落，溪谷水门，稍稍平之。"遇有十分险峻的悬崖，长城到此也就中断，因为像这样的悬崖是不可能上人的，也就用不着修城墙了。在历代长城遗址中随处可以看到这种巧夺天工的巧妙构筑。

不仅修建长城要"因地形，用险制塞"，就是修筑烽燧、堡戍等也要仔细选择地形，因地制宜而建。宋曾公亮《武经总要》云："唐法：凡边城堠望，每三十里置一烽，须在山岭高峻处。若有山冈隔绝，地形不便，则不限一数。"这不仅说明了修筑长城要利用地形，而且还要按实际情况具有灵活性。利用大江、大河、深谷作为天然屏障与人工长城配合使用的例子还有很多，总之要能够达到防御的目的。

◆ 长城选址

>> 长城布局

长城的建筑与长城的军事防御体系布局是相适应的。就长城的布局而言，从它产生之日起，就不是一堵孤墙，而且越到后期越完善，使长城整体防御能力不断增强，在冷兵器时代发挥了卓有成效的防御作用。

从遗留在今河北、内蒙古等地的战国时期长城遗迹来看，这时的长城沿线分布有烽燧、城障等设施，情报传递系统和纵深的防御配置都已建立。秦汉时期各种设施进一步完善，除烽燧和亭障以外，在长城内外还增加屯戍城等，而且向纵深发展，形成网络。长城经过的交通要冲处，均设立关隘，严密防守。长城的建造者们还在城墙、城堡的外侧有意地设置一些障碍物，如僵落、虎落等。北齐时期在长城内侧设戍，险要之处置州镇，驻扎军队，形成前沿线状布防。

金代长城布局分为单线和网状两种。大部分在今内蒙古的草原上，城墙外侧，普遍挖有护城河状的堑壕，交通要冲之处双壕、双墙并列，形成外壕、副墙、内壕、主墙几重防线，墙外附筑有马面与烽燧，内侧分布有戍堡或关城。壕墙结合的金长城，其防御作用有以下几点：第一，增加敌军接近城墙的难度，要接近墙，必须先下马入壕；第二，增加攻墙失败的士兵后撤逃命的难度，后撤必须先爬上壕方能上马退走；第三，沟墙的内侧往往相连或距离很短，因而挖壕也就增加了墙高。

明长城则在长城内外沿线设镇城、卫城、所城、关城、边堡等，这些不同形制、不同用途的防御配置，与长城建筑互相配合，连成一个有机的整体，形成具有一定纵深的严密、完整和连续的长城防御体系，尤其是在要塞地区设防更加周密。如太原镇的偏关，与延绥地区仅一河之隔，敌人入侵并占据富庶的河套地区后，多由偏关方向窜入内地，然而偏关以北的地形并不险峻，易攻难守，只能通过加大防御纵深来弥补这种地

势不利的缺陷。又如九镇之中的大同镇，地处咽喉，形势险要，东连上谷，西界黄河，南达并恒，北控沙漠，为京师之屏藩，是历代兵家必争之要地。女真灭辽，蒙古灭金，均先败明军于土木堡，皆先犯山西。而犯山西，必自大同，山西与大同沦陷则京必危，所以明代把大同看作是关系京师安危之所在。为使重镇稳固、京师安全，采取点线结合，以点控线，以线制面，建立多道重层、大纵深的防御工事。

>> 长城修建

在长城的施工过程中，工程工地绵长，施工管理就成了一项十分重要的工作。为了便于管理，历代多采取分段包修、各负其责的办法。

汉朝在修筑河西四郡（武威、张掖、酒泉、敦煌）长城时就是由四郡的郡守负责各自境内长城的修筑，郡守再把任务分给各段、各防守据点的戍卒。明朝的时候，沿长城设9个重要的军事辖区"镇"来管辖长城，同时也负责辖区内长城的修筑和维护。如辽东镇长城即是由提督辽东军务王翱、指挥金事毕恭、辽阳副总兵韩斌、都指挥使周俊义以及张学颜、李成梁等人在任辽东镇军事首领时相继修筑而成的。从山海关到居庸关的长城沿线的上千座敌台是戚继光任蓟镇总兵时相继修筑的。在八达岭长城上，发现了一块记载明朝万历十年即1582年修筑长城的石碑。从这块石碑的记载中可以看出这一段长城包修的情况，包括动用的人力、修筑的项目以及长度等。在修筑长城的过程中，一般的建筑材料都是因地制宜，就地取材。由于长城沿线地理情况不同，有高山峻岭，也有沙漠戈壁和黄土高原，为了避免远距离运输，节约人力物力，明以前修筑的长城在山区均采用石块，在平地则使用黄土。在今内蒙古自治区包头市固阳县北色尔腾山山脊

上的秦始皇长城，因山上多岩石，遂就地取石块，垒砌成城墙。到了明代，修筑长城所用的建筑材料除了土石之外，还有大量的砖、瓦和石灰。这些建筑材料也都是于就近的地方开设石场、窑场，采石和烧制砖、瓦、石灰。在清水河县板申沟村、福兴沟村的长城下，曾发现当年的采石场遗址。板申楼的红色基石，就来源于板申沟村后的红石头沟石场。当年采下的条石，至今还遗留在石场上。

◆ 长城工牌

修筑长城的工程极为艰巨，工匠们想出了许多办法，反映了我国古代劳动人民的聪明才智。仅以难以解决的搬运材料为例，大约有三种：一是人力搬运，用人背、肩扛、筐挑、杠子抬等方法把大量的城砖、石灰、石块搬运至山岭。有时还采用让人排成队，依次传递的方法。二是简单的机具运输，如小推车、滚木、撬棍或在山上安置绞盘把巨大的石块绞上山脊。在跨深沟狭谷运送砖瓦和石灰时，采用了"飞筐走索"的办法，即把砖瓦石灰装在筐内从两岸拉固的绳上滑溜过去。三是利用动物运输，传说曾经利用善于爬山的山羊和毛驴，把装满了石灰的筐搭在毛驴背上，把毛驴赶上山；或在山羊犄角上系了城砖，把山羊轰上山以代替人力运输。

当年修筑长城征发了多少劳力，目前已很难做出准确的统计。据《金史》记载，金代仅修筑一座周长约 0.5 公里的戍堡需工九千，补筑一段近 300 公里边堡城池的女墙副堤用工为七十五万。以此推算，把历代所筑长城加起来，其所需工数该是何等惊人！修筑长城所需的巨大劳动力主要来自三个方面。一是戍边的军队，这些戍边士卒是修筑长城的主力；二是统治者强征的大量民夫和招募的大量饥民，这些人是修筑长城的补充力量；三是充军犯人。相传，秦时有一种将犯人罚去筑长城的刑罚，称作"城旦"。此刑甚为苛酷：白天要轮流巡守，夜间还要筑城，刑期 4 年。除此之外，历代统治者为征调修筑长城的劳力，立了许多名目，强迫百姓去修筑长城。

>> 长城城墙

城墙是组成长城防御体系的主体部分，它是集阻止、据守及掩蔽等功能于一体的线式防御工程建筑物。它越山岭，跨巨川，穿沙漠，过草原，蜿蜒绵亘于我国北疆，把成百座雄关、隘口，成千上万座敌台、烟墩连成一气，成为我国古代建筑工程史上的一项奇观。

由于敌情、地形和任务等各不相同，所以各地段的构筑情况也大不相同。在骑兵便于机动、进攻的主要防御地段，墙体一般较厚、较高，顶部稍宽，能容战士在城墙上机动灵活地进行战斗，并筑有较密的敌台。骑兵活动困难的山地或有天然障碍、不便敌军展开大量兵力进攻的次要防御地段，墙体一般较窄、较矮，城墙顶部极窄，战士不能在此活动或战斗，城墙本身仅起障碍及屏蔽作用。

长城的墙体，主要有版筑夯土墙、土坯垒砌墙、石砌墙、砖砌墙、砖石混砌墙五种形式。版筑夯土墙以木板为模，内填黏土或石灰，一层层夯实而成，也是我国最早的构筑城墙的方法。用此法修的城墙耐风雨剥蚀，但容易被敌方破坏。它的底宽顶窄，顶部宽度一般为墙宽的四分之一至五分之一，有明显的收分，具有一定的承载能力。战国时期，赵、燕、魏长城是最先采用此法修建的。土坯垒砌墙是用黏土先做成土坯，晒干后再用黏土作胶结材料，像砌砖一样垒砌而成，墙面外再抹一层黄泥作保护层。这种墙的承载

◆ 明长城夯土墙

能力以及所起的作用，基本与版筑夯土墙类似，同样它也耐风雨长久侵蚀。汉代河西长城的不少地段、金长城部分区域，以及明长城嘉峪关的部分城墙，均用这种方法筑成。在历代长城的修筑中，许多地段的长城是用自然石砌成的。这种城墙能承受很大的垂直负荷，用自然石或条石砌筑墙体的内外壁，内填散石泥土而成。此种建筑方法在明代有很大发展。明代劳动人民把自然石加工成条石，除了采用石灰、黏土、细沙配比好泥土外，传说还在泥土中掺糯米汁做胶结材料，并开始大量使用青砖包砌城墙内外壁，以增加墙身的坚固程度。蓟镇长城的城墙大多用条石做基础，上面用规整统一的城砖，垒砌内外两壁和顶部，内外壁之间用碎砖、砾石和黄土层层夯实。城墙基础底部，一般深入地面以下2～5米，底脚宽于城墙1～2米，以保证城墙墙基牢固。整个城墙取梯形垒砌，上窄下宽。砌筑城砖，每层犬牙接榫相咬，增加内部拉力。墙顶用砖铺成地面，内侧用砖砌成女墙，外

◆ 砖砌明长城

侧用砖砌出垛口。垛口上部留有瞭望孔，下部有射孔。

历代长城所经之地，有黄土高原，有崇山峻岭，有沙漠瀚海，有河谷溪流。根据当时生产条件，建造规模如此巨大的边墙，只能就地取材、因地制宜。玉门关一带的汉长城是用少量砾石与红柳或芦苇层层压叠而成的。在敦煌、酒泉、山丹等地的戈壁滩上的汉长城则有以壕为主，以墙为辅的样式，当地称为"长壕"。建在燕山山脉上的明长城，遇有陡立的崖面，就以陡崖为墙，直接将垛口砌在崖顶上，是为"山险墙"；也有的在险峻的山岭上人工劈凿成陡立的崖面以作边墙，是为"劈山墙"。辽东镇还有用柞木编制的"木栅墙"，用木板做成的"木板墙"。明长城用的大量砖瓦和石灰，也都是就近烧制的。

>> 墙台、敌台

在长城城墙上每隔一段距离就有一个突出于墙外侧的台子，称为墙台，也称作马面。墙台与城墙同高，三面均砌垛口，当敌人逼近城墙，准备登城时，城上守兵可凭借墙台从侧面射击来犯之敌。名称首见于《墨子》之《备梯》与《备高临》二篇，其中所述"行城"即此。这表明至少在战国时，墙台已经普遍用于城墙防御了。长城上也建有这样的墙台，从现存遗物和遗址看，有的墙台上还建有铺房，以为士兵巡逻时遮风避雨之用。

敌台是建于城墙上并突出于城墙外侧用以防御攻城之敌的高台，也称"敌楼"。北宋曾公亮在《武经总要》中描述的敌楼是建于马面上，向外悬挑的木结构高台，每面一间二柱或三间四柱；向外三面安装厚木板，开箭窗；上面平铺木椽，做平顶；顶上覆厚土以防矢石，有的部位还裹以牛革以防火箭。明长城上的敌台，多骑墙而建，称为"空心敌台"。这种空心敌

台是明代名将戚继光主持修建蓟镇长城时首创的。这些空心敌台一般由上、中、下三部分组成。下部为基座，用大条石砌成，高与城墙相同。中部为空心，有的用砖墙和砖砌券拱承重，构筑成相互连通的券室；有的用木柱和木楼板承重，外侧包以厚重的砖墙，形成一层或二层较大的室内空间，以供士兵驻守、存放粮秣和兵器。上部为台顶，多数敌台台顶中央筑有楼橹，供守城士兵遮风避雨；也有的台顶铺墁成平台，供燃烟举火以报警，但无楼橹。上下台顶，有时在楼层间开洞，利用绳梯供人上下，有时在较厚的砖砌体中留出仅供一人通行的砖砌通道。中部开箭窗的数量因敌台大小而异。一般每层前后各开三窗，左右各两窗一门。较大的敌台每面开四或五个箭窗。不过也有特例，在北京延庆长城上现在还保存一座每面开有九个箭窗的敌楼，为长城敌楼中所罕见。从现存几百座蓟镇长城的空心敌台看，这些敌台都按地形和功能需求，设计巧妙，各不相同，其间距一般在 80 ～ 330 米之间。

明长城的敌台，有的并不骑墙，而是独立于长城之外；有的并无箭窗，仅有登上台顶的踏道，实际上是实心敌台。这类敌台主要建于宣府、大同两镇的长城上。

◆ 明长城空心敌台

>> 长城关隘

关隘的设置在我国由来已久，古代关隘出现在夏、商、周三代。最早是朝廷在边境所设的收税关卡，春秋战国时期，随着关隘与长城的有机结合，关隘成了抵御外来之敌的屏障。

长城关隘常建于关津要道之处，通常选择和构筑在具有重要战略地位和敌我必争的高山峻岭之上，深沟峡谷之中，抑或依山傍水的咽喉之地；有的则构筑在能控制江河海湾的要地，以较少兵力抗击较多敌人的进攻。关隘上所构筑的关城，是长城防线上起支撑骨干作用的守御要点，与长城防线所在地区的安危直接相关。关隘的关城，大都由方形或多边形的城墙及城门、城楼、墩台相互结合而成，有的还有护城河，能驻扎和部署较多的兵力，储备足够的兵器、粮食和军用物资，直接供应和支援关城所辖长城的防御作战。它又是封锁突破口、保障纵深控制的兵力反击入侵之敌和堵塞突破口的有力支撑。

明长城关隘的修筑在这方面最具典型意义。明代在东起鸭绿江西至祁连山的长城沿线修筑了抚顺关、山海关、古北口、居庸关、胜金关、嘉峪关等 1 000 多座名关要塞。为了加强京师的防卫，还在京畿外围修筑了内外三关。

◆ 嘉峪关

明长城关隘多选择在古今通衢大道上，如山海关雄踞于华北通往东北的门户，嘉峪关控扼河西走廊西端的咽喉，古北口与居庸关东西对峙是京师通往内蒙古草原的要道，自古就是雄险之地。这些大关口历来为兵家争夺要地，意义重大。在古代战争中，关隘的得失，关系到战争的胜负，乃至国家的安危。选河口建关是明长城的特点之一，河北境内250余座大小关口大部分是在河口处建关，这是因为游牧民族犯边入侵多沿河道出入。还有山口建关，山口有的有河流通过，有的则险崖壁立，一线青霄，如涞水的大龙门即是，这些都是通车骑和千军万马的要隘。另一种是在山坳处开关门以通步骑，如沙岭口、龙王峪口、界岭口等。

在长城上置关建隘，不但着眼于阻断敌人的主要进攻走廊，同时还依据关城，伸出两翼扼守制高点，控制一定的防御地区，达到点线结合，形成掎角之势的效果。譬如山海关，不但形势险要，而且构筑坚固，关城前后还有瓮城和罗城。左右两侧的城垣，一端与长城相接，另一端伸入大海。其沿线有南北水关、南北翼城、宁海城、威远城、旱门关、角山关、九门口等路关隘烽堠，以关城为中心构成了一套有机的防御体系。

>> 长城城障

长城是点线结合得最完备的防线。与长城防守关联最密切的是沿边的大量城、障。

所谓"城"，本指都邑四周用作防御的城垣，里面的称城，外面的称郭，即《管子·度地》中所说的"内为之城，城外为之郭"。而这里与长城紧密相连的城，是指在长城沿线所修筑的军事要塞，如公元前213年秦始皇命蒙恬"城河上为塞"，并设置44县，就是在沿黄河筑长城的同时，在各要害处筑了许多城池；又如北魏时期曾在长城内侧置六镇，每镇都筑

有城池，置重兵戍守。所谓"障"，即边塞险要处用作防御的城堡。颜师古在《汉书·武帝纪》中解释说："汉制，每塞要处，别筑为城，置人镇守，谓之侯城，此即障也。"秦制亦当如此，公元前213年秦始皇命蒙恬在阳山、北假中"筑亭障以逐戎人"，就是在修建长城的同时修建大量障塞的明证。障与城的区别在于大小不一和作用不同：城比障大，既驻军又住民，用来加强重要地段的防御；障比城小，只住官兵，不住居民，用来加强险要之处的扼守。

据实地考察，在内蒙古长城内侧曾发现城、障遗址多处。这些遗址，面积一般在200米×200米的范围内，夯土结构。如哈德门沟口遗址，东西约150米，南北约250米，南北各设一门。在它东边不远的地方，是昆都仑沟，一称鄂博口，汉代称石门水，固阳塞即建于此。城和障都是长城的重要组成部分，有了这两项设施，长城的防御作用才能得到充分的发挥。

明代的城堡与秦汉的城、障差不多，也是用来驻守的，但其防御功能得到了极大的增强。它既是一级指挥中枢，又是屯兵储粮藏之处；既是演武练兵的营盘，又是坚强的战斗堡垒。每座城堡负责一段长城及其临近的烽燧、敌台防务事宜。下设总旗、小旗及台丁。城堡设在长城内侧，选择既能够设伏兵，又能够攻击敌人的有利地形修筑。这种城堡设有2～4门不等，城内较平坦，一般有以门为轴的主干道，城内的四周有"环涂"。堡周围多有耕地可供屯垦。长城线上的城堡非常密集，民间常有"五里一墩，十里一堡"的说法，其实不止如此。如大同镇的323公里的管辖段内，就有583个城堡，几乎达到了每公里两堡的密度，它可容纳众兵，宜于长期坚守。明长城沿线的城堡与关口相结合，这样使长城一线形成一条坚不可摧的连营防线。

>> 长城戍守兵器

长城戍守兵器是随着长城的兴建而产生的。春秋战国时期出于防御的需要，诸侯国大肆兴建长城的同时，用于长城戍守的兵器也迅速发展起来。《墨子》《六韬》《尉缭子》等书都记载了当时的攻城器材，它们主要分三类：一类为用于冲击城墙的大型冲车；第二类为用于渡过城壕沟堑的器械；第三类为用于登临敌城的器械。除此之外，以戈、矛、弓箭、战车为主的战斗装备，也是当时广泛运用的。

秦汉长城兵器较前代有很大的进步，铁制兵器基本上取代了铜制兵器。除了春秋时期所产生的矛、戈、戟等长兵器以外，短兵器如刀、剑等，以及远射兵器——弓弩，防护兵器——盾牌、铠甲，砍砸兵器——锤、斧等都用于长城的戍守。其他的兵器基本沿用旧形制，同时也有发展和改进，主要的攻守城器械有壕桥、云梯、轒辒车、撞车、地听等。

◆ 铁甲衣

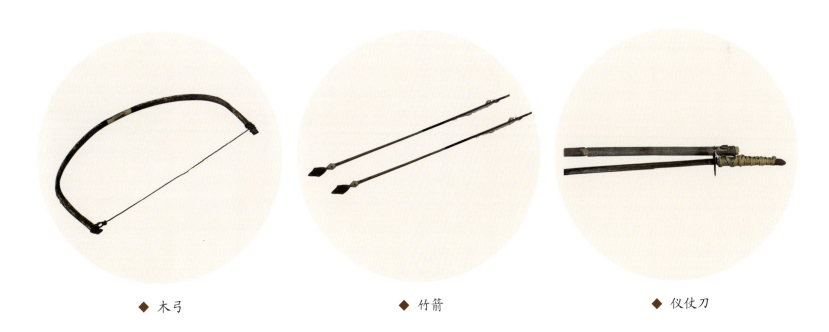

◆ 木弓　　　　　　　　　◆ 竹箭　　　　　　　　　◆ 仪仗刀

唐末出现了世界上最早的火器。公元 904 年，郑璠围攻豫章，曾使用"飞火"攻城。所谓"飞火"就是火炮、火箭。

宋代火器有很大飞跃，管形射击火器出现。到南宋时期，不少正规军中已配置火箭、火炮、火枪、火蒺藜等。公元 1132 年叛将李横聚兵围攻德安，陈规守城抗敌，用管形射击火炮，烧毁了李横的攻城天桥。唐宋两朝虽然没有大规模修筑过长城，但是前朝所筑长城仍是他们防御外族的有利条件，在长城各主要关口使用这些先进的武器守城是科技发展的结果。

◆ 火枪

◆ 铁弹丸

◆ 铁弹丸

明代传统武器名目甚多，历代产生的各种兵器多在长城的戍守中继续使用。明代火器发展到了鼎盛时期，并出现了专门用火器装备的部队。管形火器多种多样，形制复杂，主要用于城寨的镇守，长城各关隘都广泛使用。这种火器主要有两大类：一类是可以手持点放的火铳和鸟铳，其形制和口径都较小，发射铅弹和铁弹等，射程一般在数十步到 200 步内外；一类是口径和形体都较大，安装于架座上发射的火炮，大多发射石、铅、铁等实心弹，少数发射爆炸弹，各种类型的火炮达四五十种。公元 1414 年，明廷在山西大同、天城、阳和、朔州等长城边卫增置炮架，用以御敌。1430 年，九边酌量配给神机枪炮以壮军威。

从正德年间开始，西方的佛郎机铳、火绳枪和红夷炮等先后传入我国。明人在仿制这些西方枪炮的同时，加以改进，推出了一种比佛郎机威力大，比红夷炮轻便的新大炮，当时封为"神威飞电大将军"，在大战中号称"狮子吼"，最为猛烈，使来犯之敌"不敢轻易近墙"。

◆ 石弹丸

>> 屯兵系统

长城防御是完备而严密的体系。长城线上的每一个据点都与周围的防御工事、政府机构密切相关,同时还与统治中心王朝首都相联系,形成一套由点到线、由线到面、分地守御、重点设防的长城防御屯兵系统。

各个朝代长城的屯兵系统的名称有所不同,但其职能基本一样。

汉代长城防线漫长,初期主要靠诸侯王国藩屏。武帝北击匈奴之后,建边郡,置边军,长城屯兵系统也逐渐严密完备。汉代边郡以郡太守总领一郡兵马,每年巡行边塞,督察军情,视塞垣、亭燧的损坏情形而督率修缮。其副官为长史、丞,属官有阁下及诸曹掾属、卒史、书佐等文官和司马、千人等武官。长史、丞往往分屯沿边要地。郡太守品阶为二千石。郡太守之下有若干都尉。内地郡的都尉是太守的副手,一郡的军事和治安长官,但在边郡,每个都尉统领一都尉府。都尉品阶为二千石。都尉下辖若干侯官。侯官的长官为侯,副官为侯丞,属官有塞尉、士吏、令史、尉史等。侯官统领辖内烽堠亭燧,把都尉府的命令下达烽堠亭燧,又把前线的情况上报都尉府,并负责对部属的督察考绩,以及前线戍卒军粮及其他军需物品的发放等。侯官的属员塞尉、士吏等往往分屯沿边烽侯。

明代则沿长城设辽东、蓟州、宣府、大同、太原、榆林、宁夏、固原、甘肃九镇,每镇派总兵率军镇守,镇下设路,路下设关、口等。明代守边军队,均驻军于长城区域的屯兵城,屯兵城大则有镇城、路城、卫城,小则有所城、堡城。镇城是

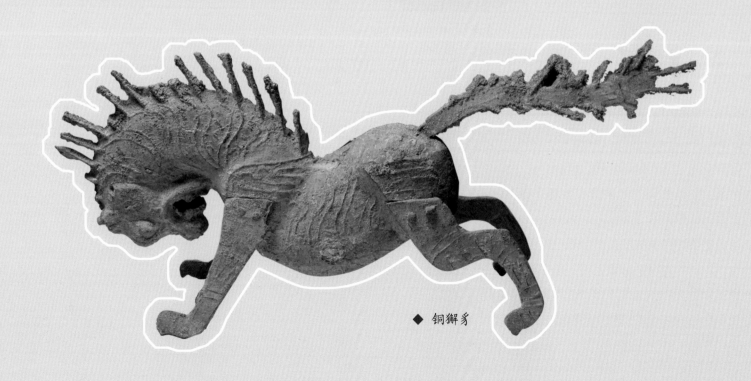

◆ 铜獬豸

>> 烽传系统

烽传报警专用于军事，在我国具有悠久历史，大约起源于公元前 8 世纪。当时西周王朝北境不安，为通报军情，开始设置墩台。周幽王烽火戏诸侯的故事，早已家喻户晓，人人皆知。春秋战国时，墩台有了进一步发展。《墨子》一书已有"与城上烽燧相望，昼则举烽，夜则举火"的记载，随着战争的发展，城堡、长城开始出现，具有远距离报警功能的墩台很快与之有机结合起来。长城沿线墩台的布置均因地制宜，有的在边墙以外，向远处延伸，以监视来犯敌人的动向；有的在边墙以内，与关隘、城堡相连，便于就近组织作战反击；有的在长城两侧，紧靠城墙，利于迅速调动全线戍边官兵，起而迎敌。实际上，烽传系统把长城内外、前沿与内地、友邻之间全部联通，一处有警，烽烟四起，以快捷准确地传递军情，为长城防御作战创造了有利战机。

汉时的墩台上架起一个高架子，上面挂一个装着干柴和枯草的笼子。如果发现敌人来犯，白天燃烟叫作"烽"，夜间放火叫作"燧"，因此墩台又作烽燧。每座墩台戍卒十余人，每日必有一人守望，若敌人侵犯，昼燃薪举烽，夜举炬火，对敌情的远近、多寡、缓急，都有明确的信号规定。西汉武帝以后，"边郡烽火候望精明"，前方稍有动静，消息就会很快逐级报告到中央。当年汉武帝令大将军卫青、骠骑将军霍去病率数十万大军夹攻匈奴时，就以举烽火为进军号令，一日之内，就将统一行动的军令，从今甘肃经内蒙古，传到了 1 500 公里外的辽东半岛。由于信息准确，全线出击，遂于塞北大败匈奴。

明代烽传制度也是在汉代基础上改进的，除了放烽、燃烟之外，还规定了鸣炮制度，与此同时在点火放烟时还加硫黄、硝石助燃。为便于防守和执行勤务，烽火台配备旗帜、

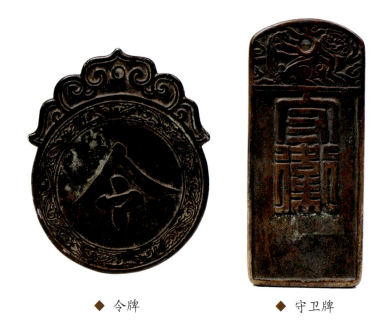

◆ 令牌　　　　　◆ 守卫牌

总兵、副总兵的驻地。路城大于卫城，可容两卫的兵力（约 12 200 人），由总兵之下的各路参将分守。卫城驻兵员约 5 600 余人，由游击将军等中级武官任守备。所城驻兵 1 100 余人，长官为把总等中下级武官。堡城是长城防线的基层军事机构，每堡负责一段长城及其邻近墩台防务，堡城下辖总旗、小旗及台丁。堡城多设于长城内侧，选择既能设伏兵，又能阻击敌人的有利地形修筑，屯兵多者有 400 余人，少者 170 至 180 人。此外在长城经过的一些交通要隘上设置关城，守兵在百余人左右。平时，各级指挥官分别负责守卫本营所管辖的长城，到了战时，则根据军情需要参加长城沿线的作战行动。

鼓、弩、软梯、炮石、火药、狼粪、柴草等，并且根据入侵敌人的人数以及军情紧急程度，有不同的传递方式。如明法令规定：边士举放烽炮，若见敌一二人至百余人举放一烽一炮，五百人二烽二炮，千人以上三烽三炮，五千人以上四烽四炮，万人以上五烽五炮。这样迭次增加炮声和助燃，使传递的军情更加快速和准确。如当时蓟镇边墙绵延 1 000 余公里，一处有警，三个时辰内情报可遍达各处。明代对烽燧的管理十分严格，戍卒不得擅离职守，贻误军情。在这方面，还有法令规定：合设烟墩，并看守墩夫，务必时加提调整点。须要广积秆草，昼夜轮流守望。遇有警急，昼则举烟，夜则举火，接递通报，毋致损坏，有误军情声息；因传报得宜克敌者，准奇功。违者处以军法。

烽传系统的设立，构成了自万里边防线畅达中枢指挥机构的军事情报传递系统，为防御敌人起到了类似今天"电报"的作用。

>> 驿传系统

驿传制度在我国始于春秋战国时期，是供使臣出巡、官吏往来和传递诏令、文书的交通组织制度，也是军事通信的重要保障，因此对长城防御具有重要的意义和影响。

秦始皇统一六国后，为加强对全国的控制，大治驰道。由于大规模的道路建设，驿传在这时也有了长足发展，从长城边塞到首都，各主要交通干线上都设有驿站，当传送紧急的诏令和军事文书时，每逢驿站换马不换人，昼夜不停，可日行千里，从而以最快的速度送达目的地。中央与县郡直至边塞的联系得到空前加强。

汉代长城上的驿传之制，寓于亭燧中，公私邮书，由沿驿路线上的亭燧吏卒递相传送，邮书每抵一燧，由值班燧卒负责收发，若属致本燧的邮书，则上交燧长；若属他燧的邮书，则由燧卒依次送达。均由经手燧卒署名及登记收受之时日。遇有紧急军情，则用檄来快速传递。从烽燧出土的汉简可见檄是一种形制特殊的木简，呈多面杆状，上方有槽口，下端尖细，视军情的紧急程度，还要在檄上插羽毛以示特急，即史书上常见的"羽檄"。

自隋唐以后，驿传隶属兵部，可见其与军报关系甚密。隋唐时期的驿路网以京都长安为中心四通八达，30 里有一驿，驿有驿田，设驿长，并配有兵卒守护。全国计有驿站 1 639 处，从事驿传服务的人员约 5 万人。唐代诗人岑参作诗："一驿过一驿，驿骑如星流。平明发咸阳，暮及陇山头"，来形容当时驿传速度的快捷。

明代长城上的驿传则更加完备，形成了以北京和南京为中心，通向各方向八个边陲军事要地的驿道。长城沿线各州府县均设驿站，驿站所需人夫、马骡、车船等，作为差役由当地州县向民户编派。长城区域每条驿路上，都设有供递送公文人员或往来官员暂住、换马以及保障军事物资运送安全的驿路城、递运所和驿站。驿城主事者叫驿丞。驿路上的城、所、站均根据驻扎兵员的多少修建有坚固的防御工事，在城防附近建有站台，以保障驿路城、站间的联系。如对辽东镇长城的考察表明，大约每 15 公里设一驿站，驿站下有铺、亭、台等设施，有的还有递运所。驿城规模与屯兵的堡城相似，城为四方形，有与驿路相平行的两个门，驿站无一不建在驿路上。

驿传系统作为长城防御体系的重要组成部分，与社会各个领域相互联系、相互影响，它不仅对保障国家机器的正常运转、加强封建王朝长城区域的有效控制，起到了至关重要的作用；而且客观上在促进长城区域各族人民经济、文化的传播和交流方面，作出了历史性的贡献。

>> 军需屯田系统

军屯制度是长城防务的一个重要组成部分，也是中央政权戍守边疆的一项战略措施。

军屯制度最早始于西汉，汉武帝时，凭借汉初几十年休养生息所积聚的力量，在河西逐匈奴，置四郡，修长城，筑亭障，据两关，用兵西域。在军需物资繁重的情况下，汉朝政府实行了"无事则以为农，有事则调之为兵"的"寓兵于农"的屯守政策，目的就在于维护通西域的孔道，实现"断匈奴右臂"的战略。当汉朝的势力进入西域后，屯田也随之在西域地区出现。屯田是利用守边戍卒，一边垦殖，一边戍守。本来，戍边是西汉农民徭役之一，因此西汉政府便以戍卒名义，把内地农民调发到边境进行屯戍。调发来的农民到戍所后，由官长按职事分为戍卒、燧卒、亭卒、鄣卒、田卒、河渠卒和守谷卒，前四者戍守长城沿线烽燧亭墩，后三者屯田生产。田卒从事垦田耕作，河渠卒管理水利灌溉，守谷卒保管谷物仓储。劳动者的口粮和使用的农具都由官府供给，垦田的收获物也都上缴官仓。

以后，历代都承汉制，以屯田为开发长城区域之第一要务。

明朝军屯兴起于朱元璋的争霸战争中，明建立后作为一种制度在全国推行。自明朝建立，到明朝军屯发展到成熟阶段，明廷为了防御元残余势力不断侵扰，在北部边境大修长城，建置长城九镇的同时，从九镇之首的辽东到九镇之尾的甘肃大兴军屯，驻守在边镇防元南下的上百万军队亦戍亦耕，且战且农，实行"屯田以给军饷"的自给政策，做到"强兵足食"。

◆ 木筷

◆ 木勺

在明初"寓兵于农"的政策下，长城九镇的军屯得到普遍推广，取得很大发展，收到良好效果。明朝全国遍设卫所，卫的长官为指挥使，下设千户，千户以下设百户。各省设都指挥使司统卫所，上隶于中央的五军都督府，军士皆别立户籍，叫军户。军户代代世袭，永世不得脱籍。军户由国家分给田地、耕牛、农具、粮种等。边地卫所军队三分戍守，七分屯种。卫所军士按月发给饷粮，屯田军士的口粮按戍守军士口粮的半数发给，但必须按定额交纳税粮，以充军粮。

军屯为军队戍守长城提供了坚实的物质基础，既解决了军队的口粮，同时又开垦了大量荒地，减轻了人民的劳役和赋役负担，巩固了边防。

◆ 雄关唱晚

◆ 雪落雄关

第二单元

杨柳春风　胡笳羌笛

——

河西长城与丝绸之路

　　由军事而言及社会生活，本展主线从上章顺乎逻辑地进入此章。河西长城与丝绸之路相伴而生，并相随以往，其互为依存之关系，为中国古代历史谱写了华丽的诗篇，体现出长城除防御性质外，更具有开拓功能。自古以来，嘉峪关即为河西长城的代表，亦是丝绸之路通向西域的咽喉，本篇以"河西长城丝路"为核心内容，以馆藏丰富的长城文物为展品，体现长城与丝路伴生文化的鲜明特征及其丰厚内涵。长城与政治、军事、经济、文化、外交等之密切关系，尽在此间矣。本章分四个段落，展开广阔而丰富的社会历史画卷，再现河西长城庇护之下边关军民的生产与生活、边关的管理、河西丝绸的产贸、中西文化的交流、民族的融合等等重大社会主题。本章的另一特点为开篇全景画式大型场景设置：撷取河西丝路的一段，凝固历史的瞬间，运用现代艺术表现手法，虚拟化及形象化地展示河西长城与丝绸之路的血肉联系。

◆ 玉门关汉长城

　　河西，一条文化的走廊。绿洲、草原、山地，复杂的地形地貌，构成了多姿多彩的文化。河西，一条历史的走廊。许多重大的历史事件，在这里上演，许多著名的历史人物，从这里走过。河西，重要的地理位置，使它成为古代中原王朝的一只手臂，张中国之掖，拓西部疆域。而保护这只手臂的，则是长城。的确，长城早已是河西走廊无处不在的象征。

　　总的说来，河西长城的代表可以分为疏勒河流域的汉长城，嘉峪关以东包括嘉峪关一带的明长城。

　　自汉以来，河西就是古代中原王朝西北边防的战略重地，因此有"欲保秦陇，必固河西，欲固河西，必斥西域"（顾祖禹：《读史方舆纪要》卷六十三《甘肃镇序言》）的说法。从那时起，伴随着丝绸之路的凿通，河西广阔的土地上，就开始了大规模的长城修整。史书上记载，汉代从令居（今甘肃省永登县）向西北，经居延海、金塔、酒泉、嘉峪关北，延至玉门、安西、敦煌，直至罗布泊，修筑了河西到新疆的长城。这段长城在嘉峪关以西，基本上是沿着疏勒河流域修筑的，一些地域仍然有明显的遗迹，所以我们称它为疏勒河流域的汉长城。

疏勒河流域的汉长城，从玉门饮马农场蜿蜒向西，沿布隆吉、桥湾，再经西湖越柳敦公路进入敦煌北部的哈拉诺尔，过玉门关、河仓城折向西南，抵达榆树泉盆地，全长约400公里。

安西桥湾一带，在312国道南侧，有一段长约10公里隆起的土丘，这就是疏勒河流域汉长城的遗迹。有几段保存较为完整，如南沙窝的"红柳长城"，以红柳枝条、沙土为原料，层层叠砌而成，残高2米，长200米，在戈壁大野之中显得十分壮观；西湖一带的一些长城虽然倾圮严重，但有一段很有气势，长约5米，残高达4米。

在疏勒河流域的汉长城中，敦煌西北部玉门关以北盐池湾到马圈湾约11公里的长城，保存最为完整。这段汉长城已经得到了有效的保护，周围安装了铁栅栏，有重点文物保护单位的标识，几处点燃烽火所用的"大苣"遗迹也避免了被风沙吹散的隐患。整段长城残高多在1米以上，最高处达2.95

米。现已成为一处很受欢迎的旅游景观。沿着这一线向西北行进，可以看到汉长城的遗迹若隐若现，个别地段被风沙吹成了"鱼脊形"，大多数有明显的痕迹。从这些遗迹尚存的汉长城走过，历史的风霜扑面而来。

河西明长城堪称中国长城的标本。尤其是明洪武五年（1372）开始修筑的嘉峪关，城内有城，城外有壕，重关并守，缜密的结构，雄伟的气象，被世人称为"天下第一雄关"。嘉峪关一带的九眼泉、长城第一墩、石关峡长城、悬壁长城等，更是与之交相辉映。

山丹地处河西走廊中部，南以祁连山的冷龙岭与青海为界，北部通过阿拉善台地与内蒙古接壤。河西走廊最早修筑的长城，史称"令居塞"，随着岁月的风霜剥蚀，这段长城已无法辨识。在山丹老军乡绣花庙一带，与高大的明长城相隔不远的土埂布满了坚硬枯黄的芨芨草，据专家考证，这就是"汉塞"。山丹境内的长城，基本上是黄土夯筑的明长城，就像20

◆ 瓜州西湖汉长城

◆ 敦煌"鱼脊形"汉长城

世纪五六十年代河西民居中普遍盛行的"打墙"，在木头夹板中填入较有黏性的黄土，一层层夯实，一层层加高，只不过长城要比一般的"打墙"厚得多、结实得多。最让人叫绝的是，在山丹，有一段长约100公里的较为完好的明长城，这段长城东起绣花庙，西至县城以西的东乐镇。山丹的峡口村，地理位置十分险要，明时在此筑有城堡。据《甘肃通志》记载："城周三里，设兵戍守。峡口路仅里许，皆乱石，高低曲折，人马皆艰。"今峡口城堡围墙除西侧尚残存外，其余皆毁坏。西面保存一砖券拱门，西门外有一小瓮城，村中有一座木结构鼓楼，这应该算是中国长城第一村了。

乌鞘岭是河西走廊的门户，乌鞘岭上的长城，烽燧、营盘较多。发源于乌鞘岭西南冷龙岭，海拔2 000米的金强河，在乌鞘岭下向东流去，是乌鞘岭重要的水源。其南北两岸的长城烽燧遗迹处处可见。金强河北岸的缓坡地带，有营盘的残迹，由于长期的风雨剥蚀，其形制模糊难辨；南岸的田野中，有一高大的烽燧，当地人称"大墩"，高约6米。一位老农说，早些时候，这墩有20米见方，上面有四合院式的房屋20多间，是驻扎军队的地方。

金强河一带，古称金强驿，有天祝乌鞘岭，有许多破败的城墙遗址，还有一段保存较为完好的长城，存高约4米。

过乌鞘岭，经暗门村，沿庄浪河西岸，向东南蜿蜒而行的长城，尚残存夯土城墙的遗迹。

茫茫河西大地，长城或穿行草原，或越过河谷山地，或横跨戈壁沙漠，虽然孤独寂寞，但它们书写的文明奇迹将永留大地、光照后世。

自秦汉长城修筑以来，历代王朝多采取"徙民实边"、鼓励农耕的政策，促进了边疆社会政治、经济、文化的快速发展。大量戍边的内地军民向塞外撒下了华夏文明的种子，而塞外各族人民也将异域文明带进了内地。长城成为各民族文化交流融合的巨大载体。河西长城与丝绸之路相伴而生，开通了中西文明直接对话的渠道，对世界文明的发展作出了重大贡献。河西长城体现出了中华民族海纳百川的胸襟与开拓创新的精神。

◆ 嘉峪关第一墩

◆ 日落雄关

壹 河西长城管理 ——————— ONE

　　汉武帝在修筑河西长城的同时，辟路通疆，置驿列亭，设四郡，据两关，对此地进行行政管理，从此，河西成为历代中央政府的重要辖地。从沿边行政机构的重重设置，到上万军队的常年驻守，从边疆军屯、民屯，到中西商贸往来，历朝政府无不将其视为军国大事而苦心经营。历史证明，正是凭借着河西长城系统的有效运转，河西及丝路的长期繁荣才能维持，并在汉唐时期达到高峰。

>> 道路与交通

　　河西走廊地处黄河流域与中亚、西亚的结合部，是古代中国通往西方的通道和咽喉。唐时期，以经营河西与西域为主要目标，伴随长城的延伸，打通了"丝绸之路"。西出长安，经关陇河西到敦煌，入西域，越葱岭即达中亚、西亚，直至地中海地区。河西长城为实现"丝绸之路"东段的畅通与繁荣，作出了不朽的贡献。

>> 边关行政

　　河西长城管理机构掌管着中国的西北大门，历代中央政府均派驻大臣、将军监察驻守于河西与西域，掌管地方军政、长城戍守、中外来往等一切事务。同时，管理机构亦担负着中央与西域边地信息传递的重任，长城沿线与丝绸之路各站设亭、置、厩、驿等交通邮驿网络，保证了各类文书畅达上下四方。河西边关行政的有效管理，维持了此地区社会的长期繁荣。

>> 出入境制度

　　汉唐以来，河西丝绸之路的中外使节、军士、商队、百姓、僧侣等东西往来，络绎不绝。玉门关、阳关、嘉峪关等，先后成为西部地区的出入口。历代官府均在这些关口设置管理机构，与沿线军事塞防的稽查验证相结合，监管过关的人流与物流。一整套完整规范的制度，使河西长城关口人员与物产的出入境井然有序。

◆ 封简

◆ 雪后初晴

贰 河西屯田 ———————————— TWO

历代王朝为开发边疆，解决戍边军队给养，实行了兵民结合的屯田制度。秦始皇沿长城设十二郡，徙民实边，肇始其端。汉代屯田遍及长城沿线并扩至西域。惯于游牧的匈奴也一度仿效汉法在西域屯田。其方式总归为两类，军队亦兵亦农称"军屯"，徙民开垦称"民屯"。这种措施对于国家统一、经济发展、文化交往与民族融合产生了极大的推动作用。

汉代，自大司农以下，边郡分设农都尉、护田校尉、守农令、农长、代田长、水长、别田令史等官职。"军屯"士卒有田卒、河渠卒、守谷卒、牧士等，而"民屯"则由屯田官员组织移民承租荒田耕种，由此建立起一套屯田组织管理系统，并为后世所效法。

◆ 牧童放马图画像砖　　　　◆ 牛群图画像砖　　　　◆ 牧羊图画像砖

古代中国西北地区的屯田制度十分复杂。在中央集权相对稳定、国家基本统一的情况下，将其视为"边疆屯田"自是顺理成章。但在国家分裂时期，西北地区特殊的地理环境与复杂的民族关系，特别是各少数民族政权的先后存在，使屯田问题已不能简单地用"边疆屯田"来加以解释。一方面，在中原王朝积贫积弱的时候，自难将那些踞于西北地区的割据政权的北部边境视同自己的边疆，而西北割据政权仿效汉族实行的屯田，显然已不属中原政权之边疆屯田范畴；另一方面，汉代国家开始实行并为后世统一王朝承继的军屯民屯制度，其建立之基础为土地国家所有制，而魏晋南北朝时期西北的屯田，除官方屯田外，还明显地带有土地私有制及地主豪绅庄园经济的色彩。两种屯田制的内在一致性，使其是公有还是私有，屯田者是"军"还是"民"很难判定。

>> 军屯

军屯为中国历史上的军政要务，汉以后各代无不努力施行。汉武帝时"开田官，斥塞卒六十万戍田之"，唐代河西屯田占全国屯田总数的三分之一。军屯有多种屯田形式，如汉魏时期一般实行"十二分休制"，宋代实行"射士分半以耕"的"五五制"，明代则"三分戍守，七分屯种"。平时务农，战时打仗，寓兵于民。军屯不仅为长期戍守长城提供经济支持，巩固了边防，而且对开发边疆、增加国家财富作出了贡献。

表1 明代河西军屯地亩与人口统计表

卫所名	万历时的军屯地亩 （1573—1620 年）	嘉靖时的人口统计 （1522—1566 年）
甘州五卫	575.122 亩	13 701 户 17 961 口
山丹卫	127.987 亩	1 551 户 5 406 口
肃州卫	204.922 亩	5 632 户 9 963 口
永昌卫	99.210 亩	2 761 户 5 624 口
凉州卫	265.200 亩	1 693 户 9 354 口
镇番卫	222.346 亩	1 871 户 3 363 口
高台守御千户所	80.943 亩	4 253 户 3 426 口
镇夷守御千户所	50.896 亩	1 233 户 4 526 口
古浪守御千户所	62.229 亩	310 户 671 口
合计	1 688.855 亩	33 005 户 60 294 口

秦汉时开始的徙民实边，后来发展为组织灾区饥民和内郡无田者到边地垦荒的民屯，按准军事化组织，由专职屯田官管理。土地由国家分租给个人，按亩纳租。国家提供耕牛、粮种的一般为"十税五"，自备粮种等为"十税三"。若自己开垦荒地，政府免三年租税，土地权属个人。为鼓励边疆屯田，历代政府均给予屯田者多种优惠。屯田为边疆带来先进的耕作技术，创造出发达的农耕文化。

魏晋墓砖画生动反映了长城边地屯戍生活的真实情景。河西曾为荒芜不毛之地，自西汉以来，屯民代有增续，经济得以迅速发展。至魏晋时，边塞之富足可与中原匹敌。

中国最早记载耙、耱（亦称耢）的文献为北魏之《齐民要术》，而早于该书 100 多年的魏晋墓砖画中，就有使用这两种农具的形象，在中国农业史上具有极重要的价值。

◆ 狩猎图画像砖

◆ 井饮图画像砖

◆ "坞"字图画像砖

◆ 魏晋墓出土陶器

纸上博物馆

>> 河西丝绸产贸

丝绸之路的开辟，以张骞出使西域及河西长城的修筑为标志。西域和河西走廊的全面开通，吸引"商胡贩客，日款于塞下"，商贸日盛，造就了桑田密布、机杼连户、绢帛山积、商贾云集和车马辐辏的兴盛景象，河西城邑成为全国丝绸贸易的中心。与此同时，西方珍奇之物也大量流入。汉唐之际，河西一带成为中外货物集散的国际性大市场。

嘉峪关地区自汉屯垦开发以后，桑蚕丝绸产贸成为当地最主要的经济活动。此与边塞戍军庇护，并地处丝路商贸之要道有关。故本单元以多幅连环式图景呈现桑蚕丝绸的生产活动：

一是种桑护桑采桑养蚕陈列，以魏晋墓彩画砖之相关内容为主展品，重点说明至少从魏晋开始，已经是桑田连片，养蚕之风遍被河西。清方志载："蚕先年有流寓者携至肃，采桑饲之，亦能做茧成丝。近无饲者。"明清以来蚕桑业衰落当与"海上丝绸之路"兴盛，陆路逐步萧条，河西市场萎缩、转移等情况有关。

二是缫丝纺织活动陈列，将魏晋墓中绘缫丝所用工具之彩画砖与莫高窟纺织壁画以及河西地区出土的文物相配合，以表现陈列主题。

◆ 绢帛图画像砖

◆ 蚕茧图画像砖

44

　　三是成品丝绸陈列，现有的一批丝绸残片，绮、纱、绢、锦、缎等为本组之中心展品，形式设计上从展出效果考虑，予以重点突出。

　　以丝绸为中心的中西商贸活动是本组的第二个陈列要点。中西商贸历时久远，早在战国时，由秦国输出的丝绸已见之于西方，而西域和田之玉也由此进入中原。第二小组陈列以尺、中外钱币、出土商贸文书等为展出中心，辅之以印信、权以及西来之珊瑚、水晶、琥珀等展品，突出中西商贸活动这一主题，并以此强调汉唐千年间河西社会面向世界的开放精神。

◆ 珊瑚珠

◆ 金叶　　　　　　　　　　◆ 钱币　　　　　　　　　　◆ 水晶片

>> 丝绸生产

自汉以来，从河西农牧自然经济中，逐步发展起以养蚕缫丝纺织为中心的商品性丝绸产业。来自西域、波斯的胡商坐贾长期在此屯购丝绸等商品。河西丝路沿线出土的大批纺织品文物，以及众多魏晋墓壁画、砖画中的丝绸形象，是当时本地丝绸生产兴盛的写照。

>> 丝路贸易

在汉唐的千年间，河西社会商业经济十分繁荣。外邦商旅不远千里，蜂拥而至，中原商贾四方云集，谋求商机。随着东方丝绸的西出和西方奇货的东进，商品市场日益扩大。汉代之"姑臧（今武威）称为富邑，通货羌胡，日市四合"，隋唐时，"西域诸蕃多至张掖与中国交市"，河西成为中国对外商品交易最为活跃的地区之一。

丝绸贸易必然用尺丈量，出土的以各种材料制成的各式尺子从一个侧面反映出河西地区丝绸贸易曾经的兴盛。

◆ 铜顶针

◆ 陶纺轮

◆ 骨尺

叁 河西长城沿线各族生活 ———————————— THREE

　　河西是一片开放的、广纳各族共生共存的土地。灿烂的河西区域文化，是多民族文化融合的产物。千年沧桑岁月之中，匈奴、鲜卑、羌、氐、突厥、吐蕃、回鹘、契丹、蒙古族、满族、回族……都曾把民族的印记深深留在河西长城与河西丝绸之路的历史上。商旅驼队穿越戈壁大漠，带来西域及西方各国的文化。河西特殊的地理环境和民族成分，构成了五方杂处的多民族社会，呈现出光彩动人的多元复合文化特色。

◆ 汉代墓葬"浩荡"文字砖　◆ 汉代墓葬"长流"文字砖　◆ 汉代墓葬"乾天圆"文字砖　◆ 汉代墓葬"塞鬼路"文字砖

◆ "段清"图画像砖　　◆ "甘露"文字灰陶罐　　◆ 双耳釉陶罐

>> 多民族社会

河西是中国历史上民族流动最为频繁的地区之一，从北方的草原、西部的绿洲、南面的高原、东边的黄河，各地各民族源源不断地转移迁徙，汇集于此。迁入之民族加入河西社会之生活中，为本地区的发展注入了新鲜血液。因有国家统一政权力量发挥平衡作用，民族之间的矛盾与冲突被逐渐淡化消弭，睦邻亲和关系日益增进，从而缔造出一方民族和平共处的社会。

>> 文化交流与融合

河西是一条世界性的文化走廊，世界三大宗教由此传入中国，中国四大发明也由此远播西方。面对各种外来文化，河西社会敞开胸怀，兼收并蓄，不断丰富和完善自身，最终衍生出极具特色的区域文化，如著名的"龟兹乐""西凉乐"等，就是西域音乐与本地音乐融合加工而最终成为大唐正音。举世闻名的莫高窟，更是集中西文化艺术大成之宝库。中西文化的交流与融合，迸发出耀眼夺目的文明之光。

◆ 汉纸　　◆ 铜胡腾舞俑　　◆ "位至三公"铜镜

◆ 落日余晖映晚霞

◆ 嘉峪关东闸门远眺

第三单元

长城主宰　丝路要塞

————

嘉峪关长城与绿洲文化

　　"长城历史文化陈列"的另一重头戏为"古今嘉峪关"。嘉峪关为中国长城最为雄奇壮观且保存最为完整的关城之一，有"天下第一雄关"之美誉。本章先以一个展厅的篇幅，叙述古代嘉峪关的历史沿革及其显要的历史地位，详说其作为完备的军事防御体系的种种奥妙，漫谈关城的各种设置，并及名人遗闻与美丽动人的传说故事，凸显嘉峪关文化的无穷魅力。

◆ 嘉峪关全景

纸上博物馆

壹 嘉峪关的历史沿革 ——— ONE

　　嘉峪关一带是我国古代重要的军事要塞，是丝绸之路的重要孔道，是古酒泉郡（隋唐以来称肃州，民国后称酒泉县，今称酒泉市）的一部分。

　　嘉峪关地域，春秋以前为西戎地。战国至秦期间，塞种、月氏、乌孙等皆在河西活动过。《汉书·张骞传》："乌孙王号昆莫，昆莫父难兜靡与大月氏俱在祁连、敦煌间，小国也。"《后汉书·西羌传》也说月氏之故地"旧在张掖、酒泉地"。这说明秦代乌孙、月氏居留活动于祁连与敦煌之间，相互间争战迁徙，后为匈奴所破，西徙而去，随之河西之地也经历了大的变革。

◆ 周达武"登嘉峪关并序"碑

>> 两汉时嘉峪关地域为汉边酒泉塞

酒泉暨河西走廊，秦为月氏所据。秦亡，楚汉相争之际，匈奴南侵。冒顿单于，兵强，"破东胡，走月氏，威震百蛮，臣服诸羌"，而老上单于杀月氏王，月氏远徙。汉文帝三年（前177），匈奴右贤王入据河西地，掠上郡，文帝遣灌婴击之，右贤王出塞。四年（前176），右贤王入据河西，休屠王统武威，浑邪王统张掖、酒泉以西。匈奴入据河西后，常从北、西两方面侵扰西汉边界。汉武帝建元二年（前139）派张骞出使西域，欲约月氏攻击匈奴。张骞西行经匈奴中，被扣十余年，历经艰险而至大月氏。当时，大月氏太子新为王，所居大夏，"地肥饶，少寇，志安乐，又自以远汉，殊无报胡之心"。张骞第一次出使联络大月氏共抗匈奴未果。于是汉武帝于元狩二年（前121）春，"使骠骑将军霍去病将万骑出陇西，过焉支山千余里，击匈奴，得胡首虏万八千余级，破得休屠王祭天金人。其夏，骠骑将军复与合骑侯（公孙敖）数万骑出陇西、北地二千里，击匈奴。过居延，攻祁连山，得胡首虏三万余人，裨小王以下七十余人"。这一年的秋天，匈奴"单于怒浑邪王、休屠王居西方为汉所杀虏数万人，欲召诛之。浑邪王与休屠王恐，谋降汉。汉使骠骑将军往迎之。浑邪王杀休屠王，并将其众降汉……汉置五属国以处之"。（《史记》）于是河西及酒泉成为汉的疆域。汉武帝听了张骞关于西域情况的介绍后，欲联招乌孙返敦煌一带与汉共同抗击匈奴，以断匈奴右臂。于是在元鼎元年（前116）左右派张骞第二次出使西域联络乌孙，但又无结果。张骞在元鼎二年（前115）返回汉朝。西汉即在浑邪王故地置酒泉郡，继又分酒泉置敦煌郡，分张掖置武威郡。西汉于河西置官开渠，移民实边，驻军屯戍，河西历史展开新的一页。

河西四郡开置，郡下设县，郡置郡守、都尉分掌民政与军政。县置县令（长）和县丞、县尉。县以下为乡、亭、里。乡置啬夫及三老、游徼、乡佐，分掌乡政、教化、诉讼、收缴赋税、巡禁等。

元封五年（前106），汉武帝为加强行政监察，分全国为十三州部。河西及酒泉郡皆属凉州刺史部。酒泉郡辖禄福、绥弥、乐绾、表是、天依、玉门、乾齐、池头、会水九县。嘉峪关一带当时属天依县管辖。天依县因地有天依阪而得名，以嘉峪山、玉石障、断山口东与禄福县分界，西北与玉门县（今玉门市）为邻，北以汉长城为界，南抵雪山石门，东西狭，南北长。地域包括今玉门市东部花海、清泉、玉门东镇，肃南县祁丰区，嘉峪关市文殊镇、峪泉镇部分地区。东汉改延寿县，北周时改延兴县。天依县东北古代文化遗迹较多。《肃镇华夷志》云："石漆出嘉峪关西石空内。"《元和志》云："在玉门县东一百八十里，泉中有苔如肥肉，燃之极明。"《重修肃州新志》云："赤金东南一百五十里，在白杨河西有石油泉，土人取以燃灯，即石脂水也。"又云："延寿废县在肃州西南。"《后汉书》注引《博物志》："（延寿）县南有山，石出泉水，……县人谓之石漆。"实际上，今之玉门油矿，即汉之天依县地。

河西四郡设立后，汉朝以此为战略后方，依靠其人力、物力支援朝廷派出的大批使节和人员去西域进行活动，并多次派军队从酒泉、敦煌出击匈奴。距嘉峪关北10公里的石关峡建有玉石障，今虽障城墙垣遗址无存，但它确是汉酒泉塞的重要组成部分，也是从酒泉出兵西域必经的要塞和险要隘口。石关峡乃天然险隘，再加以玉石障塞，真正起着西扼玉门塞外，东蔽酒泉，保障河西之咽喉的作用。

西汉末，王莽篡位，建立新朝，改酒泉郡为辅平郡，改玉门为辅平亭，隶凉州，嘉峪关地域属辅平郡。新莽覆灭，酒泉曾先后为建号"汉复"的隗嚣及行河西五郡大将军事的窦融所据，嘉峪关一带随之属于隗嚣和窦融。东汉建武五年（29），窦融归东汉，为凉州牧。河西归东汉，建置沿用西汉，唯改酒泉郡之池头曰沙头县，改表是曰表氏县，改绥弥曰安弥县，改天依县为延寿县，嘉峪关地域属延寿县管辖。东汉明帝永平十六年（73），窦固、耿忠、耿秉等率张掖、酒泉、敦煌等地甲卒与羌胡骑兵一万二千余人四路出塞征伐匈奴，攻占伊吾等地，平匈奴右地（北疆），留屯戍伊吾，后又以班超经营西域，置戊己校尉，恢复西域都护，西域五十余国归附东汉，中西贸易畅通，中国的丝绸商品大量出口，运往中亚、西亚及欧洲。

两汉之际，地处中西陆地交通要冲的酒泉、嘉峪关地域发挥着西域入贡要路，河西保障，两汉藩卫的职能。

>> 魏晋南北朝王朝迭变下的嘉峪古塞

东汉建安末，魏、蜀战于汉中，魏退兵陈仓，河西失去控制，武威颜俊、王秘，张掖和鸾、张进，酒泉黄华各自据守，迭相攻击，自相残灭，战乱不已，只有敦煌张恭拥戴魏廷护境平乱。公元 220 年，曹魏设凉州刺史，迁治到武威，管辖整个河西，并领护西域。魏明帝时，以徐邈为凉州刺史，河西始趋安定。当时酒泉建制同东汉一样，仍隶凉州刺史部，嘉峪地区仍属延寿县，为酒泉郡所领。

公元 265 年，伐魏而起的司马氏建立西晋，沿用汉制，河西分属凉州。晋惠帝元康五年（295），新设晋昌郡（今瓜州县布隆吉以南），分酒泉郡所辖沙头县入晋昌。废乾齐县，置驿马县（治今玉门市北部）。延寿县仍为酒泉郡所领，嘉峪关地域依属延寿县。

西晋末至东晋，北方的匈奴、鲜卑、羯、羌、氐等部落，纷纷进入中原建立割据政权，河西的汉、鲜卑、氐、羌、匈奴等杂居相处日久，势力日强，关系错综复杂，相互联合，又相互争夺，先后建立有前凉、后凉、南凉、北凉、西凉政权，此外前秦和后秦也曾一度控制过河西，形成了东晋十六国的混乱局面。

◆ "嘉峪关碣记"碑正面

前凉张轨（汉族）于西晋永宁元年（301）任凉州刺史，"兴农修武，保卫州境""立学校，兴礼教"，传授儒学，培育人才，侨置武兴郡，安置秦雍流民（其中不乏文士名流）；张骏继其祖父勤修庶政，休众息役，向西拓展，经营西域，将敦煌、晋昌、高昌三郡和西域都护、戊己校尉、玉门大护军三营设置为沙州，以杨宣为刺史，加强了河西与西域政治、经济、文化的联系，维护了中原到西域交通贸易道路的畅通。前凉政权传至张祚时，政事昏庸，统治集团内讧，民心失和，政权日趋没落，至东晋太元元年（376），前秦发兵进攻前凉，张天锡投降。

前秦灭前凉后至太安二年（386）后凉建立，酒泉、嘉峪关地域亦属于前秦统治，历时十年。前秦苻坚灭前凉不久，即把张天锡为首的前凉豪族望姓和旧臣、才干之士七千余户强制迁到长安、关中一带安置，这就大大削弱了河西地方势力。苻坚又选派一批前秦干吏去河西为州郡县长官，也积极拉拢利用河西一些有威望、才能的官吏，如索泮、张然等。苻坚以梁熙为凉州刺史，梁熙治凉十年，行清俭之政，加强内地与西域的经济文化联系，扩大了前秦在西域的影响。苻坚占领河西后，为使河西成为前秦可靠的战略基地，派人征发江汉及中州民户迁往河西。据《十六国春秋辑补》载，苻坚建元之末（当在淝水之战前的382年左右），徙江汉人万余户于敦煌，中州之人有田畴不辟者也徙七千余户。这对敦煌、酒泉的开发和生产恢复、发展起了重大作用。

苻坚在占领河西后，为实现"统一四海"的战略目标，在建元十九年（383）初派大将吕光及将军姜飞、彭晃等，率步兵七万，骑兵五千实施"讨定西域"的计划。吕光率兵从长安出发，经河西走廊到酒泉，出嘉峪关要塞，入西域，先破焉耆，后破龟兹，大获胜利。但由于苻坚在淝水之战中失败，无力在西域建立起有效统治，迫使吕光不得不放弃西域引兵东还。吕光东还，不仅使西征西域的胜利化为乌有，而且进入河西后，破坏了河西已七八十年较安定的局面，使之陷入了少数族豪酋分割争夺的战乱之中。

建元二十一年（385）三月，吕光带着二万驮财宝、万匹骏马，以及龟兹宫廷乐队东归，以赴难号召，急速东进，受到凉州刺史梁熙阻拒，双方战于酒泉，梁熙匆忙组织起来的五万军队被击溃。不久姑臧城内发生政变，氐人彭济执梁熙向吕光

请降。九月，吕光进入姑臧，杀梁熙，自称凉州刺史、护羌校尉。公元386年十月，吕光又自称持节侍中中外大都督，督陇右河西诸军事、大将军、凉州牧、酒泉公。但河西境内并未安定下来，各种势力为争夺对凉州的控制权继续角逐。直至公元387年吕光攻杀王穆、彭晃，凭借军事上的实力，终于镇压了各地的反抗力量，原前凉河西旧境大多为吕光所有。吕光在河西所建政权，史称后凉。这个政权的突出特点是战乱不断，民不聊生。后凉政权采取严刑重宪手段，对河西人民进行残暴的统治，不仅引起河西人民和大批士人不满，也引起境内各民族的反抗。河西鲜卑秃发乌孤起兵于湟中，卢水胡沮渠蒙逊起兵于张掖，汉族李暠亦起事于敦煌。吕光之后，吕氏家族集团内讧，诸子相残，吕隆在内外交困之中被后秦大将姚硕德围困，不得已向后秦请降纳质，又苟延残喘二年。403年，南凉和北凉对后凉的进攻更加频繁和猛烈。吕隆在二凉逼迫下走投无

◆ "嘉峪关碣记"碑背面

路，彻底投降后秦，迁往长安。

北凉天玺二年（400）底，晋昌太守唐瑶叛段业而支持李暠，还传檄敦煌、酒泉、晋昌、凉兴、建康等张掖以西各郡，推举李暠为大都督、大将军、凉公、领秦凉二州牧、护羌校尉。李暠大赦境内，改元为庚子，建立了被后人称为西凉的政权。李暠时期的政治带有封建特色和著姓政治色彩。他所册封的官吏中，宋、索、汜、阴、令狐、张等豪门著姓占多数。魏晋时期，这些敦煌的名门望族，在长期共处的过程中，通过联姻互为依存，互相勾结，盘根错节，形成一股足以左右当地形势的强大政治势力。李暠以这些人为西凉统治集团核心，其政治目的是欲借此"以招怀东夏"，即换取汉族上层社会的支持来与其他民族建立的政权相抗衡。于推行著姓政治的同时，李暠又实施"东伐"战略。西凉立国之初"地狭民稀"，政治、经济和军事上缺乏实力。为改变这种形势，创造与北凉抗衡的条件，李暠积极偃文修武，积累物资，扩充地盘，兴办屯田，"广田积谷"，为东伐之资。

东伐的第一步是迁都酒泉。401年，酒泉与凉兴二郡脱离北凉降于西凉。李暠于405年委任张体顺为宁远将军和建康（治今高台县南）太守，镇乐涫；以宋繇为右将军，领敦煌护军，协同其子敦煌太守李让镇敦煌，于是迁都于酒泉。李暠迁酒泉后，大力发展生产，敦劝稼穑，外交上远交近攻，与南凉通盟结好，又称藩于后秦，利用后秦、南凉从东、南两个方面牵制北凉。同时进行"土断"，设置侨郡县安置迁徙到敦煌一带的江汉、中州之人，并陆续整理敦煌城防，修城筑围，以防南北边患。李暠的"东伐"战略实际上是以攻为守，经营酒泉和充实敦煌，为的是攻守有据。417年李暠死，子李歆继位。李歆穷兵黩武，不顾国计民生，民力凋残，农业不修，刚愎暴戾，生活奢侈，"用刑颇严，又缮筑不止"，杜忠拒良，一意

孤行，在位四年，为北凉所灭。

北凉始于397年沮渠蒙逊发动的反对吕光的起义，而沮渠蒙逊真正成为北凉政权的奠基者是401年他反对段业的起事，攻占张掖杀段业夺取政权，称大都督、大将军、凉州牧、张掖公，改元永安。为了巩固北凉政权，沮渠蒙逊在当时复杂的形势下，审时度势，以稳妥的外交对待四邻。首先是结好后秦，401年派从事中郎李典到长安去拜见后秦主姚兴，奉表入贡以通和好；又纳质于南凉与南凉暂时结成联盟。其次是注重安定民生和发展经济。401年下达制书："蠲省百徭，专攻南亩，明设科条，务尽地利。"即休众息役，专利于恢复和发展农业。在政治方面，一是整肃纪纲，厉行法治，严格对官吏考绩黜陟，整肃吏治，严惩宗室勋遗，法不避亲；二是搜求谠言，广开贤路，不邀取时誉，不专擅功劳，唯贤是举，唯才是用。攻占西凉都城酒泉后，将西凉大批官吏、才干之士延揽于北凉，使为北凉效力。这些经济、政治上的措施，有力地推进了沮渠蒙逊在河西的霸业。随着后凉的灭亡，其政治活动转向进取姑臧和统一河西。从409年后，北凉每次东伐都有战果。东伐之隙，也作西取，屡创西凉军队。410年，沮渠蒙逊动员步骑兵三万进攻南凉，先取得显美（今甘肃永昌县东）之捷，后取得穷泉（今甘肃永昌县界）大胜，并乘胜至姑臧，南凉因此一蹶不振，只得放弃姑臧，撤往乐都。411年，沮渠蒙逊统兵三万，再次围攻姑臧，焦朗开城投降，姑臧终为北凉所得。412年，北凉将都城由张掖迁到姑臧。414年，西秦乘秃发傉檀西征乙弗的机会，袭取了乐都，南凉灭亡。

南凉亡国后，沮渠蒙逊开始集中兵力打击西凉，420年，决定对西凉实行最后一击。他采用声东击西的战术引诱西凉李歆进入都渎涧，他挥军出击，逼李歆退到怀城将其击溃。接着，在蓼泉又将李歆击杀。420年七月，北凉军队攻占酒泉。

◆ "嘉峪关碣记"碑侧面

入酒泉后，沮渠蒙逊"禁侵掠，百姓安堵如故"。421年四月，沮渠蒙逊率二万军队最终攻入敦煌，杀李歆弟、敦煌太守李恂而屠其城，西凉亡国。

至此，沮渠蒙逊终于实现了他摧毁西凉及统一河西走廊的壮志宏图，拥有了东起黄河，西到敦煌的辽阔土地。427年以后，又在西秦手中夺得西平和乐都二郡，据有包括湟水流域在内的整个河西地区。西域三十六国亦称臣贡献于北凉，其势力所及，至于天山南北。河西结束了诸族政权割据状态，恢复到前凉时期。

前凉、前秦、后凉、西凉、北凉建置，均以酒泉为郡，辖域领县则大为减裁。前凉、前秦、西凉在原酒泉郡所领玉门县域内置会稽县，在敦煌郡内增置武威、武兴、张掖、凉兴、广夏等郡，后凉在表氏县域内置建康郡。故酒泉郡在当时实领县仅存福禄、乐涫、安弥、会水等。400年，西凉建立后，改会稽县（治所在今甘肃玉门市西北玉门镇附近），置会稽郡，领玉门、乾齐、驿马、延寿、沙头、新乡（今玉门市昌马乡一带）等县，嘉峪关地域在延寿县，属会稽郡管辖。421年，西凉亡于北凉，地尽归北凉所有。嘉峪关一带依为延寿县，属会稽郡管辖。

从420年至581年间的160多年是中国历史上的南北朝时期，南朝为宋、齐、梁、陈，北朝为鲜卑拓跋部所建的北魏（后又分裂为东魏、西魏，又分别被北齐、北周所代替）。北魏于太延五年（439）灭北凉，后又派军讨平沮渠牧犍诸弟酒泉太守无讳及从弟天周、张掖太守宜得、乐都太守安周，无讳、安周西奔高昌。河西之地全归北魏。嘉峪关周边地区、酒泉郡改置酒泉军，属敦煌镇。孝昌二年（526），复置酒泉郡。西魏隶西凉州（张掖）。西魏废帝三年（554），改西凉州为甘州，酒泉郡又属甘州。北魏时嘉峪关地域不在酒泉，北魏初仍属会稽郡延寿县。北魏熙平元年（516）废玉门、驿马、沙头、乾齐四县，改会稽郡为玉门郡，领玉门、延寿二县，则嘉峪关地域属玉门郡延寿县。西魏（535—556）置玉门郡、会稽郡隶瓜州。嘉峪关地域应在玉门郡。西魏被北周（557—581）所代替，废玉门、会稽二郡，改延寿县为延兴。后又并会稽、新乡、延兴为会稽县，隶瓜州。就是说嘉峪关地域在北周时是瓜州会稽县延兴地。总起来说南北朝时期嘉峪关地域不在酒泉郡内而在会稽郡延寿县、玉门郡延寿县、瓜州会稽县延兴地内。在整个魏晋南北朝时期，嘉峪关古塞发挥着东西军事运兵通道和东西、中外经济文化往来交通要道的作用。

>> 隋唐中西经济文化交流的通衢

五凉之后，河西归北魏，政治文化中心东移，人才、人力资源东徙。除敦煌作为军事要镇常置大将、设大军应对柔然、铁勒、吐谷浑等经略西域外，酒泉郡之地大都空虚、荒落，经济、文化不及五凉时期繁盛。

隋初，会稽县仍属瓜州。开皇十年（590）改会稽县为玉门县，依属瓜州。大业三年（607），改属敦煌郡。这就是说嘉峪关地域在隋初仍属瓜州会稽县延兴地，开皇十年起属瓜州玉

◆ 瓜州六工城

门县延兴地，大业三年起属敦煌郡玉门县延兴地。

隋大业十三年（617）姑臧人李轨起兵，自称大凉王，占领河西五郡地。619年，李轨为唐所灭，则河西五郡归唐。

入唐后，玉门县地分属瓜、肃二州，玉门以西属瓜州，玉门以东属肃州。肃州，为隋仁寿二年（602）分甘州置，治所在福禄县（隋末改为酒泉县，即今酒泉市）。隋炀帝大业元年（605），罢肃州，以福禄县入张掖郡。义宁元年（617）改福禄县为酒泉县。至唐高祖武德二年（619）平定李轨，又罢

郡置州，改隋之州总管为刺史，乃分张掖郡之福禄县置于汉乐涫县地，以原福禄县地改置酒泉县，又分瓜州的玉门县，合三县置肃州，隶凉州总管府。从此时起，嘉峪关地域归肃州。武德七年（624）改为肃州都督府，督肃、瓜、沙三州，贞观元年（627）罢都督府，分全国为十道，以肃州属陇右道，省玉门县，肃州实领酒泉、福禄二县，州域相当今高台西部至嘉峪关。贞观七年（633），改西沙州为沙州。睿宗景云元年（710）置河西节度使，领凉、甘、肃、瓜、沙、伊、西七州，

治所在凉州。开元年间（713—741），河西节度使统九军二守捉，分布于甘、肃、瓜、沙等州。开元十五年（727），改玉门县为玉门军。天宝元年（742），改肃州为酒泉郡。天宝十四年（755），废玉门军复置玉门县，隶酒泉郡。乾元元年（758）复为肃州。这一时期，嘉峪关地域随肃州的变迁而变迁。安史之乱爆发后，河西军队被调去平叛，河西防御空虚，吐蕃乘虚而入攻陷凉州。大历年间（766—779），甘、肃、瓜州相继陷落，河西节镇移至沙州，于建中二年（781）前后陷入吐蕃，嘉峪关地域亦随肃州陷于吐蕃。吐蕃残酷的剥削压迫，激起沦为奴隶的汉族人民的不断反抗。加之吐蕃统治集团内讧，贵族集团与王族争权，互相倾轧、残杀，导致内乱衰弱。在唐宣宗大中二年（848），汉人张议潮在沙州率众起义，收复沙州，接着乘胜东进，攻克瓜州，然后以沙、瓜二州为根据地，积极修治甲兵，扩大队伍，在人民支持下，从大中四年（850）开始向东、向西对吐蕃发起大规模进攻，攻克肃、甘、兰、鄯、廓、河、岷、伊、西各州。大中五年（851），张议潮遣兄议潭奉河西、陇右、瓜、沙等十一州图籍于唐。唐于沙州设立归义军，授议潮为归义军节度使。咸通三年（862），张议潮率蕃汉军攻克重镇凉州，至此河西诸州复归于唐。吐蕃占据河西期间，酒泉依称肃州，嘉峪关地域隶于肃州。

隋唐时期，为对付青海的吐谷浑、吐蕃和西域的突厥等，隋、唐两朝都注意经营河西，先后于河西设郡建州，新建军镇、守捉，派总管、刺史、都督、将军等运筹指挥，或"离强合弱，远交近攻"，或派大军远道围剿打击；或以强大军事势力进行威慑。在经济上，兴修水利，于河西开辟屯田，军屯、民屯并行，并推行均田制和租庸调制，努力发展农业生产。同时发展商业，加强中西经贸文化往来。武威、张掖、酒泉、敦煌皆为丝绸之路上的大都市，开辟了由敦煌到西域的北、中、南三道，使中西交通大道畅通无阻。同时开展中西文化交往，佛教兴盛。此时唐与印度及中亚文化交流甚广，酒泉、嘉峪关地带为中西交流往来必经之地，经济、文化、交通有较大发展，农业、商业、手工业亦有较大进步。佛寺石窟艺术、雕塑壁画艺术都昌盛一时。这一时期的嘉峪关地域很好地发挥着中西交往重要交通孔道的作用。

>> 唐末五代夏元治下的故关

从唐宣宗大中五年（851）张议潮自吐蕃手中逐渐收复河西归唐以来，酒泉、嘉峪关地域属归义军管辖。但由于河西地域广阔，河西各州屡遭战祸，经济萧条，人民流离迁徙他处，河西如嘉峪关等地几成荒野，归义军人力有限，根本无法有效地组织控制。此时吐蕃势力日衰。另一支从西徙来的回鹘势力却日益增强，占据了甘州，以甘州为据点，迅速发展，就连归义军都受其挟制。张议潮于咸通八年（867）入朝，以兄子淮深守归义军，僖宗乾符元年（874），张淮深为归义军节度使。昭宗大顺元年（890），张淮深因家难殒毙，张议潮子淮鼎嗣。昭宗景福元年（892），淮鼎托孤索勋而死。索勋以淮鼎子承奉年轻自为节度，并得到朝命同意，众情愤激。昭宗乾宁元年（894），张议潮第十四女率将士和张、李家族出定其难，重立张承奉为节度使。昭宗光化三年（900），唐朝任张承奉为归义军节度使。因处诸夷戎族包围之中，于公元905年在沙州建立西汉金山国（意为西部汉人之国）。后因兵败甘州回鹘，与回鹘可汗订立城下之盟，相议结为"父子之国"。后梁乾化四年（914）十月，张承奉去世，曹仁贵取代了张氏，掌握了沙、瓜实权，恢复了归义军名号，曹仁贵自称归义军节度使兵马留后，奉中原王朝为正朔。曹仁贵卒，由其从弟曹议金代替曹仁贵主持瓜、沙州事，后唐同光二年（924），庄宗（李存勖）册封曹议金为归义军节度使、沙州刺史、检校司空。由于曹氏归义军政权处于回鹘、于阗两大势力之间，为避不测之虑，采取"西合于阗，东结回鹘"的方略，改善与邻近各民族国家的关系，内部则依靠世家大姓索、阴、翟、张、慕容等姻亲集团维护曹氏统治。曹议金死后，其长子元德、次子元深、三子元忠均以归义军节度使相继掌权，其中以曹元忠时间最长（30年），为曹氏归义军政权鼎盛期间，继续曹议金治国策略，在其后期，北宋统一中原，和北宋保持密切关系，大受北宋封赏，礼遇隆崇。曹元忠死后，继由其侄曹延恭、其子曹延禄充归义军节度使。至宋真宗咸平五年（1002）延禄及弟延瑞并为从子宗寿（延恭之子）在宫廷政变中所杀。宗寿死，其子贤顺嗣，依然向辽、宋进贡，特别注重同辽的密切关系。宋仁宗景祐三年（1036）瓜、沙被西夏攻破，归义军沙州政权终止。但直到宋仁宗皇祐年间（1049—1053），史籍载其还向北宋进贡方物。

肃州、嘉峪关地域在归义军张氏政权后期已不在归义军政权掌握之中。

一种说法，河西自唐大中年间（847—860）张议潮逐吐蕃、收复诸州归唐后，先后不断遭受吐蕃残余势力凉州六谷部、党项羌和早已散居河西的回鹘的侵扰。五代及宋，虽在河西仍置有州、军和节度使，但仅是羁縻而已，并不是实际在中原王朝的统治之下，中原王朝只不过接受河西诸族政权的朝贡罢了。

回鹘，原称回纥，散处漠北鄂尔浑和色楞格河流域。唐朝前中期，在河西以武威到敦煌北部、居延到马鬃山以至新疆东部边界地带为活动中心。安史之乱中曾帮助唐朝平定变乱。唐德宗贞元四年（788），改名回鹘，取回旋轻捷如鹘之意。唐文宗开成五年（840），被突厥黠嘎斯所破，部众西迁，其中一

支入河西走廊，称"河西回鹘"，先依附于吐蕃，后属依归义军。唐懿宗咸通十三年（872），乘张议潮入朝未归，张淮深暂守归义军，甘州空虚之机占领了甘州，以甘州为据点，势力渐强，四出发展，并在甘州建立牙帐，称"甘州回鹘"。但其并未能控制整个河西，从一些史料看，回鹘并未占据过肃州，而从唐晚期到西夏攻取肃州150多年的时间里在肃州活动主要是突厥系龙族部落人。

宋人洪皓《松漠纪闻·回鹘》在谈到回鹘部落分布的情况时说："甘、凉、瓜、沙，旧皆有族帐。"唯独未提到肃州，说明在洪皓心目中肃州没有回鹘帐落。《宋史·外国·回鹘》也只提到回鹘"居甘、沙、西州"，或言朝贡也只提到"甘州回鹘"或"甘、沙回鹘"，未提到肃州。《新唐书》《旧五代史》《新五代史》回鹘传中都无居肃州之说。在敦煌卷子中也未发现或提到回鹘统治肃州的材料。而史料所提供的则是肃州是突厥系龙族人所占据的地方。唐僖宗光启元年（885）写本《沙州伊州地志》残卷载："龙部落本焉耆人，今甘、肃、伊州各有首领，其人轻锐，健斗战，皆禀皇化。"其大部住焉耆都督府，其王姓龙，名突骑支，又号龙家族，其俗与回鹘小异。敦煌卷子（S. 0389号）《肃州防戍都状》提到甘州龙王在凉州嗢末救兵不到、内无粮用的情况下率部分龙家部落撤退到肃州："其吐蕃入国去后，龙家三日众衙商量，城内绝无粮用者，拣得龙家丁壮细小壹佰玖人，……今月九日，并入肃州。"事实是，在唐光启元年前后，龙家和回鹘就分别以肃州和甘州为牙帐，建立了自己的政权。在一些史料中肃州使者常同甘州、凉州、西州、伊州、于阗使者并列在一起，完全是一个独立的政权。《册府元龟》卷九十六载："天福五年，回鹘朝贡使都督翟全福并肃州、甘州专使僧会等归本国。"这说明后晋时（936—947），肃、甘二州还并列为两个各自独立的政权。在北

宋太宗时肃州龙家为了对付西边的归义军政权，大概依附于甘州回鹘，成为附属。敦煌卷子（P3412号）《太平兴国六年安再胜状》载："回鹘、达怛及肃州龙家合，就大云寺对佛设誓，……向西行兵。"因此《辽史·属国表》说：统和（辽圣宗年号）二十八年，宋真宗大中祥符三年（1010），辽将"萧图玉奏伐甘州回鹘，破其属郡肃州，尽俘其生口"。但龙族在隶属于甘州回鹘后仍保持着其民族独立性，回鹘人也并未进入肃州。赵元昊于公元1028年破甘州后，甘州回鹘退往瓜州、沙州、西州与祁连山区，不退往肃州足可说明问题（肃州于1036年才被西夏攻取）。故唐代晚期、五代、北宋中期前，占据肃州，并在该地活动的主要是突厥系龙族部落人，此时的嘉

峪关地域属肃州管辖，也应有龙族人活动过。

宋仁宗景祐三年（1036）西夏攻取瓜、沙、肃等州。景祐五年（1038）元昊称帝于兴庆府（今宁夏银川），国号大夏，改元为天授礼法延祚。西夏分黄河西为十一州，肃州其一。后设蕃和郡，辖肃州、金塔西部，属黑水镇燕军司（驻甘肃金塔东北威远城）。西夏政权最强大时，其地域"东尽黄河，西界玉门，南接萧关（今宁夏同心县），北控大漠，地方万余里"。包括今宁夏、陕西北部、甘肃西部、青海东北部、内蒙古西部。西夏政治制度基本仿照宋朝，创制西夏文，翻译汉文典籍，与宋、辽、金时战时和，交易频繁。

西夏统治者把河西作为与宋、辽、金各国对抗、周旋的

基地，因此十分重视河西地区的开发经营。迁徙人口，增加劳力，把驻防屯垦士兵、迁徙人口和当地土著部落全部调动起来，兵民一体，军农合一，一方面生产，一方面战争。西夏总兵力大约五十万，建十二军司，对境内和河西各民族采取羁縻怀柔政策，各民族地位基本平等，吸收汉、吐蕃、回鹘等各族文化，境内民族关系较为和睦融洽。

西夏政府专门设立农田司、群牧司、工技院等劝农机构和管理手工业的机构加强对农牧业和手工业的管理，注重农田水利灌溉设施的建设，注重当时先进生产工具和先进生产技术的推广，因而农牧生产和手工业生产成效显著，当时肃州的鞣皮、制毡、锻铁、雕版印刷、玉石加工业都比较发达。当时的肃州、嘉峪关一带处于北达灵州、兴庆府（今宁夏银川市），东达秦州及中原，西通西域的丝绸之路，南通青海的扼要地段，"当四冲地，车辙马迹，辐辏交会"，为东西交通、经济文化交流的必要路径。

宋宁宗嘉定十七年（1224），蒙古成吉思汗结束西征，挥师东进，在途中发动了对沙州的强攻，由于西夏沙州军民的英勇抵抗，未能攻克。宋理宗宝庆二年（1226），成吉思汗率军南下攻入夏境，连续攻破黑水城、凉州、甘州等。在攻肃州时，西夏肃州守将坚守，蒙古军久攻未下。适有唐兀人、西夏豪酋举立沙为避免一场血腥屠杀，率众偷开城门，将城献给蒙古军，又协助蒙古军剿灭西夏守军，并在战斗中阵亡。因举立沙献城有功，封其子阿沙为肃州世袭达鲁花赤（地方掌印行政长官）。蒙古攻占肃州后，只保留了肃州之名而省了蕃和郡，元世祖至元八年（1271）置肃州路总管府，属甘肃行中书省管辖。元甘肃等处行中书省设置于至元十八年（1281），简称甘肃行省，治甘州（张掖）。甘肃行中书省下辖七路二州：甘州路、永昌路、肃州路、沙州路、宁夏府路、亦集乃路、兀剌海

路、西宁州、山丹州；又有五属州：西凉州、灵州、瓜州、鸣沙州（治今环县）、理应州（治今庄浪）。各路设总管府。至元十七年（1280）肃州路有 1 262 户，8 679 人。元朝建立后，北方的蒙古人大量迁入河西，名王、大将进驻重要城镇，一些比较集中的农业和水草丰美的牧地，均被名王、将军们所占有，肃州境内下河清皇城、嘉峪山、金塔王子庄、玉门赤金等都是大小诸王驻地。嘉峪关之母山嘉峪山，因元太子喃嗒失征羌驻酒泉曾在嘉峪山重建文殊寺而闻名，改名文殊山，至今有太子寺遗迹留存。

◆ "嘉峪关漫纪"碑

蒙古人在占领肃州过程中，以屠杀人口为主要手段，《重修肃州新志》按引《续纲目》云："破夏时多所杀戮，凡避兵山岩幽谷间者，俱搜索不免。"又强占农田进行放牧，严重地破坏了生产力的发展。直到忽必烈时期附会汉法，改变落后政策，农业生产、经济等才得以恢复发展。忽必烈即位初"首诏天下，国以民为本，民以食为本，衣食以农桑为本"，设立管军万户府、屯储万户府，管理军民屯田事务。设置河渠司专管农田水利，设置新民安抚机构专门负责移民安置，编修劝课农桑的农书《农桑辑要》；保护发展农业生产，限制抑良为奴；

招集逃亡，鼓励开荒，大力发展军民屯田；兴修水利，免除苛捐杂税；设立粮仓、钱粮房，建广积仓、常平仓等经管钱粮财赋的征收储贮；设置和籴提举司，专备军饷，赈济灾民；又特设西番宣政院专管少数民族和僧侣的生产生活事务。采取多种移民措施为河西肃州增加大批劳动力。这一系列政策措施的实施，对医治战争创伤，恢复农业生产成效是显著的。但元代中后期政治腐败，嗜利的各级统治者对人民苛征重敛，加以灾荒不断，导致河西各族人民日益贫困，所以有元一代河西经济发展始终受到限制，发展有限。肃州、嘉峪关地域亦同整个河西一样。

元朝疆域广大，东西交通大开，河西除蒙、汉人外，还有回鹘、回族从事农业和商业，也有吐蕃从事畜牧。西方的大食、印度、波斯、伊尔汗国，乃至欧洲人都来中国经商，西方诸国来中国朝贡的使节、僧侣、商团，大都取道于丝绸之路，而沙州、肃州都是必经之地。中国的丝绸、药材、陶瓷制品，以及传统文化和对世界文明作出重大贡献的"四大发明"，都由这里传到西方各国。西方的医学、天文、算数以及珍奇特产，也由这里传入中国内地。一些欧洲人、中亚人甚至常驻中国从事经商，而且常住不归。

元代为发展中西交往，于丝绸之路旧基开辟了通往西方的驿运大道，沿途设立驿站，由边疆直通京师。今天的嘉峪关以东和以西就有驿站多处，东有酒泉、临水、双井、盐池、深沟、黑泉等，西有石关、西双井、骟马城、赤金等，方便交通邮传。可见元代依然在充分发挥嘉峪关地带作为中西交往孔道的功能。并且，汉代在敦煌西北小方盘城西设立的玉门关，因瓜州径趋西北直达伊州道路的开通，于隋唐以降徙于今瓜州县东疏勒河西岸双塔堡附近。迨及五代宋初，又由瓜州双塔移至距瓜州东400余里的嘉峪关地域的石关峡。这有当时一些人的记述可证：

其一，唐初僧人道宣（596—667）《释迦方志》卷上《遗迹第四》载：玉门关遗迹在肃州之西。"……凉州而西少北四百七十里至甘州，又西四百里至肃州，又西少北七十五里至故玉门关，关在南北山间……"这段西行记述，十分清楚地表明玉门关遗迹即在今嘉峪关西北。按《重修肃州新志·关隘》，石关儿去城（肃州）七十五里，"在关西北十五里，石硖天险"。

其二，五代后晋《高居诲使于阗记》云："至肃州，渡金河，西百里出天门关，又西百里出玉门关。"金河，即肃州（酒泉）城北讨赖河，即北大河，汉谓之呼蚕水，唐、五代名为金河。今据实查，肃州西至石关峡东口七十五里，入石关西行二十里共九十五里，已出石关峡西口。高居诲所言天门关指石关峡西口而言，所谓"百里"只不过约略之数。"又西百里至玉门关"，实则指汉玉门县县治所在。疑"天门关"之"天"为"玉"字之误。因天、玉草书字形相近而误。这里的石关，其实即玉门关。

其三，敦煌遗书中，无名氏僧人所撰《西天路竟》中记述宋太祖乾德四年（966）诏遣行勤等157人去西域求法的行程云："灵州西行二十日至甘州，是汗王。又西行五日至肃州。又西行一日至玉门关。又西行一百里至沙州界，又西行二日至瓜州，又西行三日至沙州。"自肃州西行一日至玉门关，一日行程一般在百里之内，这说明当时的玉门关已东移至今酒泉城西不出百里的地方。又宋人曾公亮《武经总要》前集卷十八肃州下记云：肃州"西至玉门关七十里"；同卷河湟甘肃瓜沙路下又记："肃州又九十里渡玉门关，又四百二十里至瓜州，又三百里至沙州。"两数相较有二十里之差，实为石关峡长二十里，即玉门关东西二口之别。这也证明宋初的玉门关的

◆ 敦煌小方盘城

确位于肃州城西一天行程之内。

　　其四，从石关峡的地理位置而论，《汉书·地理志》酒泉郡九县中，有天依县，东汉改延寿县。《寰宇记》引《十三州志》云："玉石障，即汉之遮虏障也。"玉石障为延寿县之东界。《元和志》说："金山，在延寿东六十里，出金。"《新唐书·地理志·酒泉》："（西）七十里有洞庭山，出金。"据此而知东汉延寿县东之金山玉石障即今黑山东端的石关峡，即五代、宋之玉门关。也与《释迦方志》《武经总要》"肃州西行七十五里至玉门关。关在南北西山间"的记载相符合。

　　其五，明永乐十二年（1414），成祖遣陈诚、李暹等人出使西域哈烈等国，他们出使时的旅行日记《西域行程记》记载："（正月）十七日，晴，过嘉峪关，关上一平冈，云即古之玉门关，又云榆关，未详孰是。关外沙碛茫然，约行十余里，至大草滩沙河水边安营。"此处所言"关上一平冈"，即嘉峪关城所在之山冈。关西北十五里众峰突起，中间即为石关峡。陈诚、李暹路过此地，已闻说此地曾为玉门关，在道边向西北遥望所见，只作纪实，无暇详考。然又云："约行十余里，至大草滩。"这表明唐、五代、宋时的玉门关遗迹，在明代尚有传闻延续。

　　其六，波斯语"合剌瓦勒"（或译音为"喀拉兀勒"）意为"口首兵""守卫"，转义为"军事据点""关口"。波斯人谈到"玉门关"时，不用直译，只用意译"合剌瓦勒"称呼"玉门关"。明永乐十八年（1420）八月，中亚（波斯）帖木儿帝国国王沙哈鲁派遣庞大使团访问中国。随团使臣盖耶苏丁在他的日记《沙哈鲁遣使中国记》中，这样记叙他们一行到达嘉峪关的进出关情景："这个合剌瓦勒是一座坚固的堡垒，四周掘有深壕，有条道路通过它。所以人们必须从一门进，从另一门出。当他们进入该堡时，整个队伍被清点，他们的名字被登记下来，然后从另一门出城。""经过合剌瓦勒之后，就到达肃州城。"这说明，外国（波斯）人已习惯于把到达肃州前的最后一座关口称为"玉门关"。有了嘉峪关后，仍然按过去黑山峡的"玉门关"称呼它。

以上记述反映了唐代后期、五代、宋时的玉门关移徙在肃州西稍北的石关峡（汉代玉石障）。此地自古以来是天然形成的古塞，石峡天险，南北两山夹峙，中有泉水，峡长20里，有东西二口，可通行千军万马，地理形势优越，历来为中外巨防、中西交通的重要孔道。故清光绪时的《肃州新志》在《营建·城郭·嘉峪关城》中云："宋、元以前，有关无城，聊备稽查。"这里所谓"有关无城"，正是指的石关峡，两山夹峙，天然险隘，并无城堡。蒙古西征，于石关以南嘉峪山平冈开辟通西之路，石关峡行人渐少。明洪武五年（1372），征西将军冯胜略定河西，始于嘉峪山平冈筑起城堡，以山为名，称"嘉峪关"。至此人多走嘉峪关捷径，不再绕道石关峡，故石关峡曾称玉门关之名，遂为后世人所淡忘，湮没无闻，而新筑之嘉峪关，不断构筑完善并维修坚固长存后世。

>> 明清万里长城西端起点，联系关外、西域的军事要塞

洪武五年，明太祖朱元璋派宋国公冯胜西征，平定河西。在进军瓜、沙，往来肃州途中看到嘉峪山西麓是千里河西走廊的咽喉瓶颈之地，也是西方戎夷入侵的必经之处，其下有泉水喷涌奔流，占有山水形势之胜，于是决定于此筑城置关，驻兵镇守。从此，嘉峪关结束了有关无城的历史，并成为明代万里长城西边的起端，并以此为前哨作为联络和控扼西域的要塞。

明代甘肃属陕西行都指挥使司。河西属边境地区，推行军政和民政合治的军事建制，不领州县。陕西行都司（先驻庄浪，后徙甘州）下设十二卫、四千户所。洪武二十七年（1394）十一月，置肃州卫，领左、右、中、前、后五所，永乐三年（1405）裁威房卫，并入肃州卫，为中右、中中二所，共七千户所。嘉峪关地域属肃州卫管辖。明王朝虽划嘉峪关为

华夷之界，但并未完全放弃关西之地，为经营西域在嘉峪关以西又建立赤斤蒙古、沙州、曲先、安定、阿端、罕东、哈密七卫。这七卫长官皆由当地少数民族蒙古、藏、撒里畏兀儿、维吾尔族首领担任，和明朝保持着朝贡关系，是羁縻卫所。

明初，河西平定后，统治者派兵屯田，移民垦耕，扶植农业生产。在肃州、嘉峪关一带安插一些藏族、蒙古族等民族，耕牧并作，自洪武至弘治100多年间，人民定居，户口增加，农村经济逐渐恢复发展。

明成化（1465—1487）以来，新疆吐鲁番西州回鹘（即今维吾尔族）部落逐渐崛起。弘治（1488—1505）以来，吐鲁番速檀阿黑麻先后杀哈密王罕慎，执陕巴，掠金印，并谋勒兵近塞扰关。正德（1506—1521）以来，吐鲁番速檀满速儿得弟真帖木儿关于甘州等地情报，并诱使哈密王拜牙郎叛明朝投奔吐鲁番，日夜与部下头目聚谋侵犯甘肃。正德十年（1515）春正月，吐鲁番寇掠赤斤、苦峪诸处，正德十一年（1516）秋九月，吐鲁番牙兰复据哈密，满速儿自引万骑，绕过嘉峪关，直犯肃州。甘肃游击将军芮宁率部出战阵亡，全军覆没。肃州赖兵备陈九畴逮系内应奸细，调兵劫满速儿老营，潜遣使诱瓦剌捣满速儿老巢，使满速儿狼狈退走，肃州得以保全。明世宗嘉靖三年（1524）九月，吐鲁番满速儿大举入寇甘肃，以二万骑入甘州，金都御史巡抚陈九畴得情报，率众先入甘州城，积极防御，满速儿捣虚之计未能得逞。满速儿回头欲再围肃州，陈九畴又乘轻骑连夜奔赴肃州，待满速儿兵至，与尾随满速儿后的甘肃镇总兵姜奭夹击，大破吐鲁番军，再次保卫了甘、肃二州。嘉靖四年（1525）二月，吐鲁番牙兰复据哈密，率众入沙州，侵犯肃州。这样，数十年间由于吐鲁番搅扰，关内外战火纷飞，人民流离失所，动荡不安。嘉峪关曾于弘治七年（1494）、嘉靖三年两次对吐鲁番闭关绝贡。

自成化以来，吐鲁番崛起，嘉峪关周边多事，战事频繁，迫使明王朝不得不注意西北边防的建设。嘉峪关为西北边防最前哨，为九镇中甘肃镇防务最重要的据点，故于成化后期始，经弘治、正德、嘉靖、隆庆、万历上百年，陆续建嘉峪关城楼、罗城、外城，加固增高城墙，增置关城内外设施，展筑关城两翼西长城及东、北长城，在长城内外及其延伸地带增筑烽燧及城堡、营塞，建成较为完整系统的防御体系。先设防守指挥、守关指挥，隆庆中设守备管辖，与此同时，嘉峪关一带人民承受着筑边墙、修城堡等劳役与交纳钱粮赋税的沉重负担，加上战争和吐鲁番、蒙古等的侵扰，生产经济常遭受破坏，人民生活亦受影响。但有明一代，统治者为维护其统治在肃州、嘉峪关一带推行卫所体制，实施其西控西域，南隔戎羌，北遮胡虏的战略，在经济上采取耕战一体的措施——由政府提供屯田所需的耕牛、犁具及籽种；实行"量地力而区别征科"的税粮政策，对自行垦耕的荒田，原则上"永不起科"；建立既能耕种，又可御敌的小堡中筑大堡的屯堡制；重视水利建设，筑修坝渠、灌渠；给迁居移徙的少数民族，筑修城堡，优抚安置，既严格戒谕，又不许官吏、将卒苛剥，使蕃汉各族和平相处；设立"茶马互市"，开展边贸交易；设置"夷厂"安置西域、外国商人，以保持嘉峪关、肃州东西方交通要津的地位，促进商贸发展，保障嘉峪关作为贡使进出道路的畅通。

明朝末年，李自成农民起义军贺锦部于1643年12月占领甘州，山丹、镇番、永昌、肃州都归附了农民军，嘉峪关也归农民军掌控。1645年，清军西征，直取秦陇，河西各郡县、卫所望风降服，驻守甘州的农民军贺锦部也因力量悬殊而失败，部分转入外围地下斗争，最后皆以失败而告终。

清初，仍沿明制，甘肃属陕西布政使司和陕西行都指挥使司，肃州置肃州卫，嘉峪关为营，设守备。顺治二年（1645），

肃州、嘉峪关一带统归于清。顺治五年（1648）四月，清军甘肃副总兵米喇印（回族）在甘州发动回民反清起义，抚标副将丁国栋（回族）在凉州响应。米、丁合兵，连陷兰、岷、临洮，遂围巩昌，拥众十数万，号称百万，关辅大震。总督孟乔芳遣马宁、张勇等率师征讨。五月下旬清军集中兵力攻凉州，张勇斩米喇印，复凉州。丁国栋至甘州据城固守，八月，清军西进围困甘州，最后因弹尽粮绝，1649年春，丁国栋、黑成印等退守肃州。此时，大同总兵姜瓖反于山西，孟乔芳旋师东去平姜，而留马宁、齐升等围肃州，起义军压力减轻，得以坚持十个月。十一月，张勇、马宁等攻破肃州，土伦太、丁国栋、黑成印等被杀，起义失败。肃州、嘉峪关复归于清。

康熙三年（1664），改设游击，驻扎嘉峪关兼辖都司一员，千总一员，把总二员。雍正二年（1724），改卫所为州县制，肃州卫为肃州，隶甘州府，裁高台、镇夷所，置高台县（含毛目），属甘州。雍正三年裁陕西行都指挥使司及诸卫所，置甘肃布政司，治兰州。雍正七年（1729）升肃州为直隶州，并置安肃道于肃州，辖二直隶州三县。肃州领高台县并增置肃州直隶州王子庄分州，置王子庄州同，雍正十三年（1735）设高台毛目分县（亦称高台分县）。军政沿用明代镇的编制置总兵。嘉峪关营属肃镇，设游击，马战、步战、守兵合计426名；乾隆年间设巡检司，为嘉峪关地区设地方政权机构之始。光绪《肃州新志·街市·村堡》云：在清代后期回变前，"嘉峪关街市，自东至西街一条，不甚长。商贾俱住在东关，关厢大于关内三倍。正街一条，长一里。凡仕宦商旅出口入关必宿于此。铺户栈房、茶寮、酒肆，旅店牙行，约千余户，军民数千家"。"嘉峪关堡，在城正西七十里，临边踞阜，望可百余里。南至卯来泉五十里，北至野麻湾五十里，向设重防。兵民商贾二千余家。"关城下街市暨附近村堡兵民商贾2 000余家，或数

千家，至少大几千近万人，各方面皆需管理调度，设巡检理所当然。明清时，凡市镇、关隘距县城较远的，大抵都设巡检分治。

交通之咽喉、南北集会之要冲、羌戎通驿之路径。嘉峪关不仅是军事要地，也是中西中外贸易孔道，同时是后来的税关，是西北最早的海关（后移肃州）之一。

同治四年（1865）二月二十三日，惠回堡盘查哨南山回民猎勇攻占嘉峪关，二月二十五日，肃州回民在马文禄等带领下起事暴动。变乱延续到同治十二年（1873）八月。八年多的战乱使肃州、嘉峪关遭受严重破坏和损失，建筑文物毁灭殆尽，经济商贸陷于停滞。

民国元年（1912），废肃州、安西直隶州，以安肃道统辖所属各县。民国二年（1913），裁撤清制州、分州、分县、厅，一律改为县。安肃道改为边关道，辖七县，肃州改为酒泉县，嘉峪关地域属酒泉县管辖。

高台骆驼城

清朝前期，由于长期战争破坏，河西地区地旷人稀，土地荒芜，疮痍满目，加之新疆蒙古准噶尔部和回部不断叛乱，清廷不时派大军西征。河西担负军需转输和支前的任务非常繁重。因此，安辑人民、恢复生产，不仅是清朝稳定内地秩序的第一大事，而且关系到西边军事的成败。于是在嘉峪关内外大兴水利，垦荒屯田。以陕甘总督刘于义与侍郎蒋泂主持嘉峪关以东各地屯田，以查郎阿与副都御史孔毓璞负责在嘉峪关以西各地屯田。屯田的成功，带来了河西社会经济的恢复和发展，对嘉峪关内外的发展稳定，保证丝绸之路的畅通，加强中西方经济文化的交流和外贸商业活动都起着推动作用。肃州城一度经贸繁荣，市集商贾活跃，各地商旅咸集于此，真正成了中西

民国三年，又改边关道为安肃道，治酒泉。民国四年改肃镇总兵为镇守使。民国十六年（1927），裁安肃道，置安肃区。民国二十五年（1936）改安肃区为甘肃省第七区行政督察专员公署，辖酒泉、金塔、鼎新、玉门、安西、敦煌、高台七县。嘉峪关地域称嘉峪乡，仍属酒泉县管辖。民国二十六年（1937），抗日战争全面爆发，至民国三十年（1941），东北、华北、华南大片国土被日寇占领，不少人流亡西北，酒泉人口日增。嘉峪关设立税卡，"会极门"外设有百货局办事处，关城驻有军阀军队，他们肆无忌惮地对关城和长城加以破坏，拆毁了关城城楼、仓库、房舍、庙宇等。此时，关下居民仅60多户，约500余人。

纸上博物馆

◆　悬壁长城

贰 嘉峪关长城 ———————————————————— TWO

　　唐宋时今嘉峪关西北的石关峡口被称为玉门关，是为"石峡天险"设关，而无关城，正如光绪时的《肃州新志》所云："宋元以前，有关无城，聊备稽查。"《元史·地理志》中说："元有天下，薄海内外，人迹所及，皆置驿传，使驿往来，如行国中。"元帝国建立后，修驿道，设站赤（驿站），以南、北、中三道为主干道，形成了以大都（今北京市）为中心的四通八达的驿道网。南道的主要线路和基本走向是由大都、秦元（今西安）、河州（今临夏）、西宁、柴达木到拉萨，至喀布尔（今阿富汗）与去西亚的中道接通；或经西安、凤翔、成都、西昌、昆明与缅印道相通。北道、中道直通中亚、西亚和欧洲，长达万余里，被史学家称之为"古代欧亚大陆桥"。河西走廊的驿道属于中道，由京师西行，经河北、山西、宁夏，穿越腾格里沙漠南缘，到达凉州（今武威市），进入河西走廊，继续西行至永昌路、甘州路、肃州路、瓜州路、沙州路（今敦煌市），出玉门关进入西域（今新疆），去中亚、西亚、欧洲。今肃州嘉峪关地区的驿道被改直，不再绕行黑山峡，而是直接由九眼泉越戈壁，过大草滩，到赤金驿。后来冯胜将石关南移于嘉峪山西麓冈塬上，改置为嘉峪关。为抗击元朝残余势力及吐鲁番的进犯，嘉靖十九年（1540）肃州兵备道李涵修筑西长城，决定在"暗壁"之外，增筑悬壁长城，封锁石关峡口，既杜绝了商旅中的非法攀越躲避检查者，更有效地滞阻了来犯之敌，为指挥部调动兵力，组织反击创造了条件。

　　明初洪武五年（1372）宋国公冯胜西征，平定河西，在行军途中路经嘉峪山西麓，踏上冈塬，看到冈塬开阔，下有"九眼泉"喷涌。这里正是河西走廊中西部南北山系拱合的狭窄处，是黑山山麓与嘉峪山麓之间形成的岩冈谷底，亦是河西的咽喉要隘之地。于是决定在"九眼泉"坡上冈塬，依山傍水，修筑嘉峪关城，以加强捍卫西北边防。冯胜决定修筑嘉峪关城后不久，即班师回朝了，并未亲自参加建城工作。关城是在当地镇守官负责指挥下，经过士兵和服役民夫的艰辛劳作，于冯胜班师后在嘉峪山西麓的津要隘口上用黄土筑修了一座周围二百二十丈、高约二丈、阔厚一丈多的关城。城址依冈坡，东西二门各有瓮城，无有关楼、长城之属。据《钦定皇舆西域图志》卷六《晷度一》记载，清代乾隆年间曾用日晷仪测得嘉峪关的地理位置及夏至、冬至昼夜时间变化："嘉峪关北极高三十九度四十五分，据京师偏西十七度三十二分。夏至昼长五十九刻五分，夜长三十六刻十分。冬至昼长三十六刻十分，夜长五十九刻五分。"光绪三十四年（1908）八月，美国人文地理学家盖洛博士实地测得：嘉峪关位于北纬39°51′，东经98°14′。这与现在测得的数据北纬39°48′，东经98°03′，基本相符。

嘉峪关因建在嘉峪山西麓，遂以山为名，又因是明初弃瓜、沙地以其为华夷（少数民族）之分界，作为边境巨防，成为明甘肃镇西边军事要地。但因明初军力强大，经冯胜、邓愈、沐英三次西征，蒙古、西蕃势力衰弱，明在嘉峪关西建哈密、安定、阿端、曲先、赤斤蒙古、沙州、罕东、罕东左等卫。关西形势平定，嘉峪关边境亦较为平静。但从明宪宗成化年间（1465—1487），吐鲁番崛起，速檀阿力凌夺哈密、赤斤诸卫，掠夺金印去，都督罕慎窜苦峪，嘉峪关外形势紧张，另外鞑靼毛里孩部、小王子部也先后侵犯甘肃庄浪、凉州、镇番等处，使甘肃镇北面、西边两头吃紧，明廷不得不考虑在甘肃修长城以加强对鞑靼、吐鲁番的防御。弘治元年（1488）冬十二月，吐鲁番速檀阿黑麻杀忠顺王罕慎，复据哈密。弘治六年（1493）冬十月，吐鲁番入哈密，执忠顺王陕巴，掠金印去。此时，哈密陷落已20年，关外诸卫尽被吐鲁番攻破，流民内徙至肃州，嘉峪关警报频传。明廷以嘉峪关为西边重要门户，必须严加设防，乃于弘治七年（1494）谕令肃州增筑加固嘉峪关，于弘治八年（1495）完工，在城堡西门外增筑重关罗城，并于西罗城坚固的门洞平台上建关楼三层，加宽加高旧城墙，共高三丈五尺。增修外城，城外更添壕堑暗道并布置鹿角梅花坑，增备防御。这样结束了嘉峪关有关无楼的历史，并有可能修筑了嘉峪关南北长城（壕堑）。从《肃镇华夷志》《重修肃州新志》知，北长城已于此前修成。关楼为兵备道李端澄（弘治中任）主持修建。《敦煌杂钞》云："兵备道李端澄构大楼以壮观，望之四达。"又《重修肃州新志》："嘉峪关楼，在关城西门上。副使李端澄建。"

◆ 关城

嘉峪关楼虽建，但关内附属设施、管理机构设施建筑不全。正德元年至二年（1506—1507），兵备副使李端澄奉命在关城内建官厅、夷厂、仓库及玄帝庙，又按先前所筑关楼式样筑修起内城东西二楼。《肃镇华夷志》载："嘉峪关公馆，在关城内，正德六年（六当为'元'之误）副使李端澄建有分司（即官厅），有仓场。今分司为守备公署。"又添筑角墩六座、敌台二座，以及悬阁、角楼等共十数座。整个工程于正德二年完工（见"嘉峪关碣记"碑）。这样，城楼既起，雉堞连属，"望之四达，足壮伟观，了然在目"。同时关城在此前已建的南北两翼长城与北长城相连，嘉峪关周围的军事防御措施已具规模。

后又在关城内外增建筑修守备公署、军队营房、演武厅场、护城沟壕、多种庙宇、巡检衙门、驿站、市街旅店商铺、税卡，形成集军事防御、商旅贸易往来、收税及接待巡阅边防办理军务的官员等功能于一体的边塞城堡。

>> 关城的组合构成

《肃州新志·形胜》论酒泉形胜云："自远而论，东以关辅为内庭，西以伊循为外屏，南以青海为亭障，北以大漠为斥候。襟山带河，足限戎马，所谓西陲锁钥也。由近而论，面瞰雪山，背倚长城，临水渟于左，嘉峪峙于右，内有讨赖、红水之溯洄，外有黑河、白湖之环绕，群峰拱卫，虎踞豹隐，虽地兼沙卤，居杂戎番，而泉香土沃，草茂牧肥，具此形胜，足以有为矣。"嘉峪关距酒泉不过60里之遥，用之形容嘉峪关之形胜也觉得合适。

嘉峪关作为设在交通要道与周边各族交界地区的关卡，在周围诸城堡中属于规模较大、气势宏伟的关城，也是万里长城全线保存最完好的关隘。嘉峪关由明初的一座土城建成阁楼崇立、巍峨壮观，军事防御、稽查行人、商旅会集等功能齐全的关塞城堡经历了100多年的时间。其雄踞在嘉峪山西麓，坐东向西，由内城、外城、瓮城、罗城、城壕和壕墙等组成。

◆ 天下第一雄关——嘉峪关

内城　内城即关城的中枢心脏。内城设有军事指挥机关，明设守备公署；清改设游击将军府，建有嘉峪关公馆，清乾隆始设巡检司。还建有军队营房、仓库等。又设有夷厂，建有庙宇等。军火武器、粮秣均置于城内。内城周长640米，东城墙154米，西城墙166米，南北城墙长各为160米，面积2.5万平方米，略呈梯形。城墙分两次筑成，初筑土城时，用黄土夯筑，高约6米，夯土层12至14厘米。弘治七年（1494），加固关城，除维修6米以下部分外，又加高约3米，外侧用土坯垒砌，中间填以混合黄土。少数增高的墙身也有夯筑的。墙高9米，加上垛墙共高10.7米。底基厚6.6米，顶宽约3米，用砖铺。故《肃镇华夷志》言万历元年（1573）巡抚都御史廖逢节议题接帮城堡，嘉峪关与其他九堡同时接筑，不确。因弘治八年（1495）所成之关楼，正德二年（1507）成之内城东、西楼不是建在原来6米高城门平台上。外侧有青砖砌垛墙，高1.7米。用砖每块长42厘米，宽20厘米。重10.5千克。每个垛上均设有瞭望孔，以便观察敌情。下设有斜坡式射击孔。城墙内侧有砖砌宇墙，高30厘米，厚34厘米。

内城有东西二门，东门上楣刻"光化门"，西门上楣刻"柔远门"。"光化"即以德化人之意，就是发扬光大中华传统道德文化，去教化开导边疆少数民族。"柔远"即是以怀柔政策安定抚慰远方民众。两门均是砖砌拱券门洞。门洞深20.8米，宽4.2米。门洞基础和地面均用长方形石条衬砌。两门均安铁皮包钉黑漆双扇门。二门之内北侧靠城墙建青砖斜坡马道，上至城顶。坡下有砖木结构的门楼和照壁。马道斜长22.2米，宽2.7米，外侧有护道墙。马道下原有成排的拴马桩。

◆　光化楼

内城二城门顶部平台上均建有城楼，分称光化楼和柔远楼，皆为三层三檐木结构歇山顶式建筑。楼高约17米。底层面宽三间，进深两间，一二层四周有廊，立红漆明柱各18根。第二层的明柱之间有木格花栏杆环绕，第三层四周为木格花窗，楼中绘有飞天、山水、花草等画。脊上镶嵌有蟠龙、狮子等兽形瓦，绿色琉璃瓦盖顶。楼内安装有带扶手的木楼梯，缘梯可登二层、三层。整个楼阁雕梁画栋，金碧辉煌。

城垛　城垛即马面、暖铺，也称敌台，敌台上建有敌楼。敌楼可驻兵，可从左右侧面射击冲到城墙根底下的敌人。关城南北城墙上无门，墙外居中筑敌台，上有敌楼。敌楼面积38.2平方米，为一层三间。楼外带明柱通廊。

城墙四角各建一座方形角楼，亦称戍楼，是戍兵瞭哨之所。楼为二层砖砌单间式，高出城墙 5.4 米，底面积 29.7 平方米。楼形如碉堡，下层向城内开券门，令三面开券式窗，由内可登楼，楼上为平台，台四周设垛口。

瓮城　内城东西门外均有瓮城回护，劈门南向。门楣东"朝宗"，西"会极"。"朝宗"是指西域和诸国使节、官宦，如百川汇海，经此门，东去朝觐中华朝廷，以示归顺向化。"会极"即"会合于极边"之意。西出会极门就是要把聚合、团结之精神带到西域诸地诸国，极边聚会，归心团结，天下祥和。瓮城门洞为砖砌拱券式，基础地面均用长方形石条，安铁皮包护黑漆木质双扇门。瓮城墙用土夯筑，与内城墙同高，其顶外垛墙，内宇墙规制与内城相同。东瓮城北墙长 32.85 米，东墙长 22.9 米，面积 752 平方米。西瓮城南墙长 22.6 米，西墙长 32.8 米，面积 741 平方米。两瓮城门顶上各建阁楼一座，高 5.7 米，坐北向南，面积为 28.6 平方米，为一层小三间式。楼前红柱通廊，两端与城墙相通，对扇小门南开，东西两边开窗。楼脊扣筒瓦，楼顶四角飞檐上装龙首瓦，檐翼起翘，美观大方。

西瓮城与罗城墙中间，原有木制渡槽状"天桥"一座，连接瓮城与罗城。

◆ 筒瓦

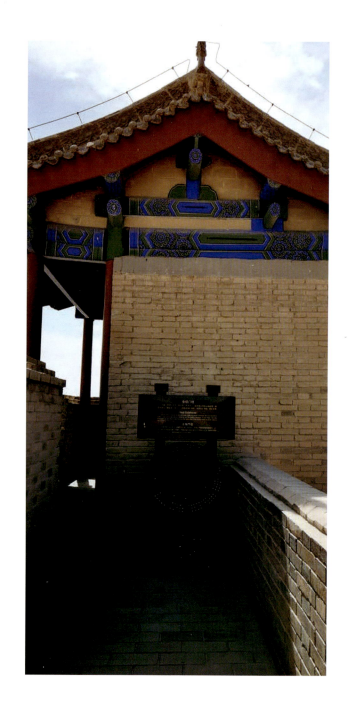

◆ 西瓮城"会极"门楼

罗城 在西瓮城西墙外 20 米处筑一道凸行城墙，其南北两端均与外城墙西端相连，外城墙又与关南、北两翼长城连接，构成西侧外城，称为罗城，也称重城，初筑于弘治七年（1494）。西罗城城墙长 191.3 米，底基厚 7.5 米，上宽 5.3 米，高 10.5 米。墙的正中设有关的正门，门楣镶嵌额题"嘉峪关"三字。门洞为砖砌拱券式，深 25 米，高 6 米，宽 4 米，有黑漆铁皮包钉双扇门，基础通道全用巨型石条砌铺。罗城内南侧端有一条宽阔的砖铺马道直达城顶。后毁。1981 年修复。城顶砖砌垛口 133 个，垛高 1.5 米，宽 1.66 米，厚 0.6 米，每垛口中间设有正方形瞭望孔，并设有斜坡式射击孔。

瓦，顶脊装饰蟠龙首瓦，飞檐凌空。

外城 关城之东、南、北三面有黄土夯筑的围墙，称外城。南北墙的西端与西罗城相接，并在此与关南、北长城相连成掎角之势，东部围墙沿岩岗边缘筑起，围成一广场。外城总长约 1 263 米，残高 3.8 米，基厚 2.3 米，上宽约 0.65 米。其中有 383 米残缺，1981 年已补筑。外城门位于东北角，称"东闸门"，上面建有闸门楼。门洞长 10.6 米，高 4.2 米，宽 3.8 米。两侧石条砌基，砖砌壁，壁嵌 36 根方木支柱，上搭方木棚架，顶上建有门楼，面宽三间，进深两间，红漆明柱，上盖灰瓦，装脊兽。

◆ 嘉峪关楼

◆ 东闸门

罗城有弘治八年（1495）建成的嘉峪关楼。晚清平定肃州马文禄后，左宗棠视察嘉峪关，题写了"天下第一雄关"匾额，悬于嘉峪关楼西面。20 世纪三四十年代"马家军"驻嘉峪关拆楼木烧火，遇大风倾毁，匾额下落不明。楼台面积 556 平方米。1988 年，嘉峪关楼重建竣工，结构与内城东、西二楼同，亦为三层三檐歇山顶式木楼。罗城南北两端各建一座箭楼，箭楼连楼台高 5.6 米，为警戒哨所，专备瞭望。楼顶扣灰

护城壕 在罗城、外城周围，沿城墙外围修有一道护城沟，也称护城壕，壕外有 1 米多高的土堰一道。壕沟、土堰都能对关城起到保护作用。今外城外不足 2 米处有壕沟遗迹，残存长 350 米，深 2.8 米，上宽 2 米左右。

外城广场内，先时早年建置较多，有市街、驿站、旅店、商铺、饭馆、车马店和庙宇等，由于晚清肃州变乱等诸多原因毁坏殆尽，现仅存文昌殿、戏台、关帝庙、烽燧等。

明清时嘉峪关城内外有过不少古建筑，但大多湮灭无存，仅据一些历史记载和资料辑录于下：

嘉峪关公馆　在关内游击将军府的对面，马路南侧，坐北向南，为四合院。公馆华丽壮观，门外有红漆明柱廊台，院内房屋严整。有过厅 5 间，配房东西各 3 间，正厅 5 间。据《重修肃州新志》载，嘉峪关公馆在关城内，李端澄建，有分司，有仓场。

警卫营房　俗称大衙门，也称千总衙门。在游击将军府西，坐北向南，门向南开，呈长方形院落。门前有彩画牌楼一座，门为 5 间过厅。院内有正厅 5 间，为办公之所，有东西两排营房，每排约 10 间房屋。

巡检衙门　在警卫营房对面，马路南，有一座建筑，坐南向北，门向北开，呈四合院，内有土木结构房屋数十间，为清代巡检衙门，也称巡检分署。《肃州新志》："巡检分司署，在嘉峪关城内。"

瓮城值更房　东西瓮城值更房原各为 3 间，东瓮城内值更房坐东向西，西瓮城值更房坐西向东。

演武厅　在嘉峪关城南有一广场，方圆约 30 亩，距关城约 500 米，西至长城约 500 米。广场内建有嘉峪关演武厅。露天筑有一土台，土台高约 2 米，长、宽各 20 余米。土台上建有房屋 13 间，北面 5 间为厅房，东西两面各 4 间，为陪房，也可作讲武堂用。演武厅坐北向南。在演武厅南面筑有八字墙，墙中开一圆门。在讲武堂和八字墙中间开一道壕沟，供跑马射箭习武所用。

嘉峪关驿　在关城东侧，进东闸门向南，古时候称嘉峪关驿。驿站有东西两排房屋，中间形成一条南北走向的街道。《肃州新志》："嘉峪关驿，安设关内。东至酒泉驿七十里。西至惠回堡九十里。向驻赁民房。原额设马三十二匹，所牛五只，所车五辆，设兵二十名，夫五名。"驿站从明清时代一直延续至 1943 年。

嘉峪塘　东至丁家坝 40 里，西至双井 25 里。原额夫马及续添未详。

南闸门楼　在旗墩西侧的外城墙中间。门楼为二层三间式，进深两间，内有壁画。门楼坐北向南，建筑规格、形式与东闸门楼相同。

嘉峪西关坊　建在关西古驿道旁。陶保廉《辛卯待行记》："三十三里道北数里长岭上有大烽墩，其下设黑山湖军塘。……路南为小红山，皆荒峤也。……西北五里过大木坊，题'肃州嘉峪西关'，雍正十二年（1734）黄文炜建。光绪十二年，署安肃道易孔昭重立。一里双井子小堡无人，堡外土屋三家。"

嘉峪东关坊　在关南校场过沙河东二里多，题额为"嘉峪东关"。修建年代无考。这座牌坊高约 5 米，宽约 5 米。牌坊为石墩木架，横架上有油漆彩画，坊脊上悬匾额。牌坊于 1938 年左右拆除。拆除时，曾在地下挖出一把长二尺多的宝剑。剑上雕刻着两条龙，剑鞘上也刻有龙一条，还刻有"保家卫国"四个字。

同善堂　据关内保存的"嘉峪关募建同善堂"碑文记载，清光绪五年（1879），曾在关内建同善堂。

魁星楼　先年，在龟盖山北侧建有魁星楼一座，楼为二层，圆形八卦式。

月牙城遗址　在距关城西城墙 10 余米处，有一座沙砾堆积而成的小丘，形若缺月，称月牙城。基埠高 3 至 6 米，宽 35 米，南北长 157.8 米，对关城起着掩护作用。

在月牙城遗址以西，先年设置有梅花六角坑，俗称"绊马坑"。

关内修建庙宇见于碑文记载的，明代有武安王庙和关帝庙、玄帝庙。从清代到民国年间，官方和民间在关城大兴土木，修建庙宇，雕塑神像。马宁邦在 1935 年 9 月写的《嘉峪关调查记》较详实地记述了关城内的庙宇，主要有："柔远门附近有三官庙，三座泥塑神像，残存之壁画尚佳。由会极门下转折前行，左有案牍庙，内已无神像。""从三官庙侧上城墙，南北有庙，由此登西楼。下楼，绕向南行，有菩萨殿，供观音像，匾曰'慈遍雄关'，旁有道光十五年（1835）题字。东楼与西楼对峙，匾篆'露洒边关'四字，咸丰十年（1860）所建，也为观音殿，已无神像。转向北城，有'元真阁'，顶上一匾'上帝阁'，横额曰'德昭无量'，属乾隆壬子年（1792）物。内供披发仗剑，左足踏龟，右足腾蛇的无量爷。"

从有关资料知，从东闸门到外城北墙，有一排寺院、庙宇，全为土木结构建筑，规模宏大。在外城北墙下，从东到西排列着马王庙、老君庙、鲁班庙、相子庙、财神庙、护国寺。古驿站南有城隍庙。向南靠近外城南墙有土地祠、山神庙。南闸门楼上有马王庙，出南门东侧有龙王庙。关城外南面龟盖山附近有药王庙。内城南北敌楼内分别供奉观音菩萨和无量神，旧有"南观音，北无量"之说。嘉峪关楼内供八蜡神，光化楼内供东岳大帝。

上述关内外建筑、庙宇遗迹大都已不存在。现存的关城内外附属建筑仅有以下数处：

游击将军府　亦称游击衙门。最早为正德元年（1506）所建分司，隆庆年间（1567—1572）改置为守备公署。清康熙三年（1664）嘉峪关改设游击，改守备公署，置游击将军府。建在内城中部的北墙下，坐北向南。门前原有小型钟楼、鼓楼各一座，分列建于东、西两边。为两院三厅建筑。厅前均有红漆明柱通廊。前厅东西各 5 间，中厅为过厅 3 间，后院有房屋 11 间。前厅和钟楼、鼓楼早已无存，仅存过厅和后院。后院为四合院，三边建屋，为土木建筑。明隆庆二年（1568），总督王崇古认为嘉峪关"三面临戎，势甚孤悬，宜设守备防御"，从此设守备。清代设游击后，此府又重修过，以后又几经修缮。新中国成立后，在保存原貌的基础上，也进行过维修。游击将军府的修缮，始于 1987 年，完工于 1988 年 10 月。前院宽 17.5 米，进深 14.3 米，面积 250.25 平方米。门厅东、西耳房面积各 14 平方米。书堂（东厢房）面积 37 平方米，武堂（西厢房）面积 38 平方米，中堂（议事厅）面积 73 平方米，后院东厢房面积 34 平方米，西厢房面积 37 平方米，后堂正房面积 26 平方米，后堂东间面积 19 平方米，西间面积 24 平方米。

◆ 游击将军府

官井　内城中有官井一眼，当为明代建关时所开，供戍守官兵及军马饮用。井上建有井亭，装有辘轳。后井涸亭倒。1986 年依原样复制井亭。

天下雄关碑亭　原立于嘉峪关东关坊一里道左，后移至距关城西五十丈远处，坐南向北，高 3 米，上刻"天下雄关"四个刚劲有力的大字，为嘉庆十四年（1809）肃州镇总兵李廷臣视察嘉峪关时所书，碑亭系后来所建。原碑已移至碑廊保护。现在的碑是复制品。

关帝庙 原称武安王庙，明代中期所建，位于关城东瓮城东墙旁边。庙内供奉三国蜀汉大将关羽。宋徽宗宣和五年（1123）封关羽为"义勇武安王"，故明代中期前称其庙为武安王庙。明神宗万历帝封关羽为"三界伏魔大帝，神威远镇天尊关圣帝君"，故改武安王庙为"关帝庙"。万历六年（1578），酒泉人佘动奉命镇守嘉峪关，在拜谒神庙时，发现武安王庙规模较小，塑像矮小，有碍观瞻，就暗暗下了重新修葺的决心。他带头捐献俸银，筹款购买材料，招募工匠，开工重修，于万历十年（1582）顺利竣工。"庙貌门庑，焕然一新，丹漆辉煌，规模清雅，诚足以栖格神明，永膺福祉。"（《重修武安王庙碑记》）清嘉庆十二年（1807）夏，嘉峪关游击将军熊敏谦又兴工重修关帝庙，于次年秋落成。庙内有大殿一座，配殿两座，另有过厅和牌楼各一座。壁画绚丽，塑像雄伟，建筑精巧。门口牌楼，精雕细刻，红漆明柱挺立两旁，顶盖绿琉璃瓦，富丽堂皇。上悬"威宣中外"匾额。庙门正对南面戏台，中间广场是举行军事庆典和民俗活动的中心。

◆ 关帝庙

1958年，关内外十多座庙宇被拆毁，关帝庙幸运地保留下来，但在1971年维修关城时连同东西瓮城的两座号房被拆除，关帝庙内塑像、壁画、殿宇大部分被毁。牌楼前的两尊石狮也被移走。关帝庙上"长城主宰"的匾额现存于长城博物馆第四展厅。

2000年，复修关帝庙，建大殿一座，陪殿两座，重新雕塑的关羽塑像，神色庄重地端坐正殿，陪殿中的关羽正秉烛攻读《春秋》。庙门口塑造的两匹战马，西边为赤兔马，东边为黄骠马。塑像造型逼真，栩栩如生。

戏台 位于关帝庙正对面，坐南向北，面阔三间，进深两间，面积114平方米，清乾隆五十七年（1792）五月重修。戏楼建筑精巧，彩绘艳丽，木格顶棚上绘有太极八卦图，木制隔墙将前后台隔开，隔墙上绘有八仙图，东西山墙内壁上绘有"和尚窥女图"的壁画，两端"八"字屏风砖面上竖刻楹联一副曰：

离合悲欢演往事
愚贤忠佞认当场

文昌阁 位于关城外城内，距东瓮城东侧约15米处，西与关帝庙相邻。原称文昌殿，明正德元年（1506）始建。清道光二年（1822）八月代理嘉峪游击将军、兰州人张怀辅，嘉峪关巡检、四川人张恒利二人主持重修。楼基面积130.4平方米，石条砌基，阁为两层两檐歇山顶式。底层回廊环绕，红漆明柱鲜艳夺目。中间有一门洞，两侧各有砖筑耳房一间，北侧置木梯以登楼。第二层花格门窗，门窗上部绘水彩画，共80幅，楼外四周有廊，立红漆明柱。顶用筒瓦敷盖，脊上有39个瓷制小狮子，两端置蟠龙，阁檐龙首起翘。阁上原书"文昌殿"，悬"斯文主宰"匾额，现无存。只在南面悬有"神威远播"匾额。

◆ 文昌阁

该阁在清代是文人咏诗作画、舞文弄墨之所。据说嘉峪关文昌阁神像毁于 20 世纪 40 年代，今只留空阁一座，供游人观赏。

烽燧　关上有墩台三座，均在外城内，遗迹尚存。1981 年进行了维修。

一是关南瞭望墩，呈方锥体。烽燧高 2.8 米，底周长 14.3 米，上面略小，与外城墙土质相同，夯土层 20 厘米，为黄土和沙石混合夯筑。似与外城同时夯筑。

二是旗墩，在北，突出于外墙内侧，呈长方锥体。墩残 3.8 米，底面积 13.4 平方米，夯土层 20 厘米，用黄土夯筑，旧时墩上竖立幡旗，故称旗墩。

三是东闸门墩，也称嘉峪关墩，在东闸门北的高坡上，与长城连接而斜交。残高 9 米，底长 10.1 米，宽 8.3 米；顶长 5.5 米，宽 5.3 米。夯土层，为夹沙黄土夯筑。

嘉峪关城之母山嘉峪山亦有其著名的人文胜迹和建置，此不繁述。

◆ 左宗棠楹联

>> 明代嘉峪关长城

长城是古代人工修筑的以土、石、砖为墙体的连续性高墙，连同一些附属设施为古代边境御敌的军事建筑工程。嘉峪关地域汉代长城已难寻觅，仅有明代长城遗迹存在。

《肃镇华夷志》记肃镇地界：西自嘉峪关起，东至临河堡花墙交界止，广二百七十里；北自新修边壕起，南至祁连山止，延袤一百五十里；计其边壕，其长三百三十一里。又记：所属边墙一道，西南自嘉峪关所管讨赖河南岸墩起，东北至下古城堡所管东河深止，共长一百四十里，山壕一道，自河深起，肃镇界牌墩止，长二十八里。而嘉峪关周围之明长城修筑于何时？《肃镇华夷志》《重修肃州新志》皆记载不明。嘉峪关周围明长城主要有三段：一是嘉峪关附近关南、关北长城，也称肃州西长城；二是嘉峪关东长城；三是西起野麻湾经新城、两山口、明沙窝、下古城，跨北大河至暗门的北长城，也称肃州北长城。

有明一代实行保守的防御战略，为防止蒙古势力的反扑，巩固北方边防的安全，在200多年的统治中，几乎未有停止过长城的修建。对于肃州、嘉峪关地区来说，洪武二十七年（1394）置肃州卫，就曾沿黑河修筑边墙。自成化（1465—1487）以来宣大、榆林、宁夏、固原、甘肃诸镇修筑边墙的议论和实际行动日益增多。成化十九年（1483）周玉由宣府移镇甘肃，因督边墙工峻急，引起一些骄兵悍卒的不满，遭张伏兴等的瓦石投击。这说明成化晚期甘肃镇对筑修边墙事已抓得较严。对肃州卫来说，嘉峪关更处极边。成化以来由于吐鲁番崛起，速檀阿力凌夺哈密、赤斤诸卫，抢夺哈密忠顺王金印，哈密都督罕慎窜苦峪。阿力死，子阿黑麻立，依然掠夺哈密、关西诸卫不已。成化二十一年（1485）冬、二十二年（1486）秋七月，鞑靼小王子部又先后侵犯庄浪、凉州、镇番，甘肃镇北边、西边两面吃紧，因而沿边修边墙事成为急务。

弘治元年（1488）冬十二月，阿黑麻杀忠顺王罕慎，复据哈密。弘治六年（1493）冬十月，阿黑麻复入哈密，执忠顺王陕巴，又掠忠顺王金印去。

由于吐鲁番的侵掠，关西七卫残破，部众多徙往肃州、甘州，嘉峪关警报频传，加之小王子诸部亦数犯庄浪、甘凉、永昌，甚至侵入镇夷，因此嘉峪关必须严加设防，于是弘治七年（1494）谕令筑修嘉峪关，增筑西罗城，建嘉峪关楼，将旧城墙加厚增高，添筑外城堑壕，布以鹿角梅花坑，结束了嘉峪关孤城一座有关无楼的历史。此间，亦有可能修筑了嘉峪关南、北长城。从《肃镇华夷志》《重修肃州新志》知北长城已于此前修成。二志皆言北长城，城北三十里，"闻先年参将彭清请议修筑"。《明史·彭清传》："彭清，字源洁，榆林人。初袭绥德卫指挥使，以功擢都指挥金事。弘治初，充右参将，

分守肃州。"弘治（1488—1505）为明孝宗朱祐樘年号，按三期划分，每期六年。"八年，甘肃有警，以文升荐，擢左副总兵，仍守甘肃。"这就是说彭清在弘治八年（1495）前为肃州参将，这样其筑修北长城亦只能在弘治八年前。因为彭清于弘治八年已升任副总兵，并在此年为先锋同巡抚许进、总兵刘宁捣袭哈密，驱逐吐鲁番将牙兰，恢复哈密，因功多升为都指挥使。弘治十年（1497）升都督金事代刘宁为总兵佩平羌将军印镇守甘肃。既在弘治八年前彭清为参将时已修北长城，则西长城也有可能于此时或此前修筑。因就肃州卫当时形势而言，西边吐鲁番的威胁大于北边，理所当然应先修西长城，或与北长城同时兴作。《重修肃州新志·名宦》载："李旻，直隶赵州人，进士，弘治初任（兵备道副使），增筑墩台，边民赖之。"增筑墩台是指在原有长城墩台基础上又增添修筑。这就是说在李旻任肃州兵备道前肃州已有长城、墩台存在过。李旻任肃州兵备道排名在刘寅之后，皆弘治初任，任职时间长于刘寅。此足以证明弘治初肃州存在过或有过筑边墙、墩台的举措，并可能与筑西长城有关。彭清任肃州参将于弘治初修北长城，李旻任兵备道于弘治初增筑墩台是修长城、筑墩台一个问题的两个方面。本来修长城、筑墩台是一个统一的相辅相成的行动。要之，彭清、李旻在弘治初任职修北长城、增筑墩台时，或许西长城当时已修成、存在，故省而不言。当然弘治初修的西长城可能简陋，而且可能是壕堑墙，这从过了四五十年后，嘉靖十八年（1539）翟銮巡边上奏疏请筑嘉峪关南、北长城的奏文可知。

弘治中期后陕西四镇（榆林、宁夏、固原、甘肃）进入边墙的大修筑时期，由三边总制统一负责。如果说弘治初期彭清、李旻任职肃州修筑西长城、北长城，增筑墩台还有什么疑问的话，那么弘治后期，明廷敕修嘉峪关周围长城则无可否定。

《明史·兵志三·边防》载：弘治十四年（1501）改平凉之开成县为固原州，"隶以四卫，设总制府，总陕西三边军务。是时陕边惟甘肃稍安，而哈密屡为吐鲁番所扰，乃敕修嘉峪关"。这里"敕修嘉峪关"应既包括修关城设施，又包括修嘉峪关周围的长城设施。

《明史·秦纮传》载："（弘治十四年）诏户部尚书兼右副都御史（秦纮），总制三边军务。"在制府三年多时间里，"修筑诸边城堡一万四千余所，垣堑六千四百余里"。其贯彻修边之策很坚决，宁夏巡抚刘宪作梗，被秦纮上奏朝廷，弘治帝下诏责宪，宪引罪，秦纮之策得以实行，并获成功。在秦纮总制三边期间，嘉峪关周边长城的修筑也定付诸实施。徐日久《五边典则》第十五卷载，明孝宗弘治十六年（1503）五月，甘肃总兵刘胜奏"备边四事"，其中有"修边墙，增移墩台"。事云："前镇巡议，自庄浪接宁夏冈子墩起，至肃州嘉峪关讨赖河止，于筑边墙总二千六百七十八里，连增移墩台，首末须三年告完，该用人夫九万，……各委州、县佐二管领，布、按二司委堂上官同本边分守、守备等官，提督修筑。"奏疏上达，兵部复奏：宜由总制尚书秦纮移交各镇巡等官征求意见，计议是否可行，并将意见共同上报。廷议照准。这是官方明确提出甘肃修边墙到嘉峪关南讨赖河的奏疏，应是客观可靠的。因此可以说修筑嘉峪关周边长城最迟在弘治末期上了议事日程并修筑完成。且嘉靖十八年（1539）大学士翟銮巡边至嘉峪关，发现欲修西长城处古时遗迹倾圮，墙壕淤损，乃与李涵商议，仍于壕内原长城遗址奏立边墙。这新筑的边墙，就是在已经墙淤壕损的弘治十九年（1506）修筑的长城基础上修复的。

明时嘉峪关周边长城有：

嘉峪关南长城　关南长城自嘉峪关外城的西南隅角台东侧起，向南延伸至嘉峪塬，越戈壁滩，抵讨赖河峡谷北岸峭壁

之上，约 6.6 公里，全部用黄土夯筑而成。夯土层 13 ～ 19.5 厘米。现残断 265 米，现存墙高 2.5 ～ 4 米不等。沿线置墩台三座，间距约 2.5 公里，还置有城台，墩台残高 4 ～ 7 米，城台残高 8 ～ 16 米。此段长城先筑成于弘治初年（1488—1493）或弘治后期（1501—1505），重筑于嘉靖十九年（1540），由兵备道李涵主持修筑。重筑原因，是原构筑不得法、质量差、低矮、单薄、破毁，或为壕堑墙。这段长城过讨赖河，逾文殊山（嘉峪山）进入肃南县祁连山区，一般因河为塞，铲削山崖为障，呈南偏西方向延伸到卯来泉堡西南的肠子沟红泉墩而止。长城从讨赖河南岸至红泉墩长 45 公里。沿线设置有 10 余座墩台，依山起伏，彼此呼应，甚为壮观。位于肃南县祁丰乡堡子滩村的卯来泉堡为明万里长城最西端的屯兵城堡，而红泉墩则是明万里长城最西端之尽处。此段长城筑修当在嘉靖中，卯来泉堡为万历三十九年（1611）议筑。《肃镇华夷志》："红泉墩，在关西南，离城一百六十里，套虏由肃州南山讨来川过，欲入里境，边山不能透出，则由肠子沟、红泉等处逼关南长城尽处出没，嘉靖二十二年可征也。"

嘉峪关北长城　关北长城自嘉峪关外城东北角的闸门墩起，以山为屏障呈西北走向，沿"九沟十八坡"向北伸展，穿过戈壁滩，到石关峡东侧，进入黄草营村，继续向西北延伸，至黑山石峡口北侧山腰，长约 8.2 公里，封锁了黑山东坡诸沟。其中经过嘉峪关村七组和路口、农田的一些地方有断缺，断缺约 1 610 米，现存墙高 0.5 ～ 4.02 米不等，底厚 2.6 米，上宽 2 米。此段长城先筑与重筑时间同关南长城。关南、关北长城合称西长城，经实测 14 759 米，约 30 里。此长城重修，以兵备道李涵总理。由李涵与参将崔麒画地经营，调凉州卫指挥蔡纪、山丹卫指挥纪纲、肃州卫指挥梅景三人分计工程，各督乃事，于嘉靖十九年（1540）筑成。

断壁长城 为了加强嘉峪关的防御,在石关峡南侧山坡夯筑750米的断壁长城。此长城在石关峡南侧与关北长城相连接,悬挂于高约150米,倾斜度45度的山脊上,从山上陡跌而下故称断壁长城,亦称悬壁长城。这段长城底阔一丈余,顶宽六尺,高约一丈五尺。现存一段残迹为黄土夯筑,残高2～3米,宽约4米。此长城亦为李涵于嘉靖十九年(1540)所监修。石关峡两侧山崖陡峭,石壁耸立,峡长约10公里,自古称石关峡天险,向西直通大草滩,西南直指嘉峪关。既是古代河西走廊通往西域的交通要隘,也是历代兵家必争之地。

尽管断壁长城仅长750米,它的设置就把这条交通要隘完全控制起来,使嘉峪关前沿阵地的防御更加严密。此长城于1987年修复,现开发为一个吸引中外游客的旅游景点。

与西长城平行,从讨赖河北岸起向北延伸至黑山附近修筑有一条保护长城的外壕。关南段外壕,挖掘在戈壁滩上,距关南长城30～60米,关北段外壕挖掘在嘉峪山和黑山上,距关北长城有数百米远。外壕上宽9.8米,下宽3.5米,对长城起着保护作用,故又称护城沟。经几百年的风雨侵蚀,外壕内填了许多沙土,原深4米,现仅深1米左右,遗迹犹存。

◆ 嘉峪关断壁长城

嘉峪关东长城 关东长城自嘉峪关西北的关北长城新腰墩起，到新城堡中沟以东与肃州北长城相接，称为东长城。从新腰墩起至野麻湾段与关北长城呈"T"形。从野麻湾至新城堡一段，万历元年（1573）修筑[或说为彭清于弘治初年修，嘉靖二十七年（1548），杨博接筑重修]，次年修完。据《肃镇华夷志》载，此长城长一万零九百八十四丈（约合 36.61 公里），底阔八尺，顶宽二尺五寸，实台高一丈，垛墙二尺，共一丈二尺，万历元年修完。现墙体完整者约 16.4 公里，墙体残破者 10 多公里，有近 6 公里因农田、道路、水渠、居民点的修建而被平除。

◆ 野麻湾长城

北长城 从新城堡往东，到酒泉下古城界，或从野麻湾起经新城、两山口，至下古城的长城称为北长城，东西长 70 里，或说长 90 里。此段长城向东与通往山海关的长城相接。《肃镇华夷志》载："州（肃州）北三十里之长城，中有暗门，

军戎出入，东西长 70 里，闻先年参将彭清请议修筑，高一丈三尺，厚五至六尺。嘉靖二十七年，巡抚杨博檄兵备赵得祐、参将刘勋接筑重修。"此段长城在嘉峪关境内不长，现存遗迹在酒泉怀茂乡六分村第一居民组饲养场附近还可看到，残高 1.5～3 米。北长城的修筑过程是弘治初年由参将彭清主持监督初步建成，因在肃州嘉峪关地区初因地制宜修筑边墙，经验不足，用沙土、沙石修筑，质量不高，建筑单薄，才一丈来高，底阔厚五六尺，顶宽二尺左右，故经不起风沙、雷雨、地震等自然侵蚀、侵害，或颓坏，或防御能力差，需要补修、重修。故在嘉靖、隆庆、万历年间兵备张愚，参将刘勋，巡抚杨博、廖逢节等对北长城各段进行了补修、连接或重建。

嘉峪关周边长城的修筑，利用地理形势，凭山依险，因地制宜，既省工又险峻。从现存的长城遗迹看，当时长城修筑构成有七种方法。

一是黄土夯筑墙。嘉峪关周边长城多筑于山坡和戈壁，取土困难，夯筑边墙所用黄土多从关西黑山脚下挖运而来。其土质黏结能力强，筑墙多坚固耐久。夯筑时采用木板、木椽用绳索捆扎加帮，中间填土夯筑，用梅花口夯夯实，一层一层地夯筑，黏结严实，墙体不易裂缝变形。嘉峪关南北长城即用此法筑成，《重修肃州新志》称其"板筑甚坚，锄橛不能入"。

二是黄土夹沙墙。这种长城多是在戈壁滩上就地挖起沙土洒水拌匀凝筑而成。嘉峪关东长城、北长城的大部分段落即用此法筑成。这种墙体不如用黄土所筑的墙坚固耐久，但因就地取材，筑起来较快，又节省材料和人力。

三是片石夹土墙。这种长城是就地取片石和黄土分层夯筑而成。嘉峪关关北长城最北端一段长 1 500 米的长城即用此法筑成，土层厚 10～12 厘米，片石厚层 10～15 厘米。

四是依山势铲削开凿成崖壁。由讨赖河墩、卯来泉墩到

◆ 断壁长城

红泉墩的崖壁就是用此种方法修筑的。

五是崖榨墙。这是一种用树木枝干、木板等构筑的城墙。从嘉峪关起到镇夷所止修崖榨两道。《肃镇华夷志》载："东、南、西、北四路，嘉峪关起，镇夷千户所止，边墙崖榨一万三千六百三十丈，计七十五里二百六十步（计算错误，应为九十里二百六十步）。都御史廖逢节议题，隆庆六年修完。""自下古城迤北东长城角墩起，靖虏墩东壕头临水河北崖止，又自嘉峪关起，镇夷所止，边墙崖榨二千六百四十六丈，内边墙底阔一丈，顶阔六尺，实台高一丈二尺，垛墙三尺，共高一丈五尺，崖榨高三丈，阔二丈。……万历二年修完。"

六是壕沟墙。北长城下古城以东一段约40里，因属盐碱沼泽地，不便筑墙，开壕沟一道（也称边壕），口宽三丈，底宽二丈，深至见水，两岸筑有约五尺高的堤堰。凿于隆庆、万历间。《肃镇华夷志》载："下古城迤东自靖虏墩起，苦水界牌止，边壕长五千八百二十丈，俱口阔三丈，深至见水为止，底阔一丈，两岸筑土堰各一道，底阔四尺，顶阔一尺五寸，高五尺。"

七是烽火台。烽火台是突出墙外并高出城墙的台子，俗称城台，也叫墙台或墩台。嘉峪关周边长城的城台一般高

◆ 五墩山烽火台

7～10米，高出城墙3～4米，专供守长城的士卒巡逻放哨所用。

嘉峪关周边的长城城墙上，烽火台甚多，或五里一台，或二三里一台不等。

嘉峪关南北长城有烽火台7座。关南至祁连山边有3座，关北计有4座。关南距关十里有一座，台高10米，底面积109平方米，黄土夹沙夯筑，夯筑层10～15厘米，气势壮观。关北长城上的4座烽火台，多已倒塌，残缺严重，只有新腰墩烽火台，底宽13米，高16米，挺立于长城之上，显得高大雄壮。

嘉峪关东长城，从新腰墩起到野麻湾一段，原筑于城墙之上的烽火台有17座。这些烽火台中，有的不但有城台，而且内侧还有燧。新城横沟村附近的烽火台，大多有燧的设施。其中一烽火台内侧25米处，横向排列着8座燧，已有2座坍塌，6座还有遗迹残存，为沙石夹土夯筑，燧距6米，高1.9米，宽1.8米，夯土层17厘米。筑层间有木桩整齐地排列。这是典型的烽墩设施，专施点燃烽烟报警。

北长城从野麻湾起，经新城堡到两山口一线长城上有5座烽火台，烽火台残高最高者5米，最低者只有1.8米。现将嘉峪关周边长城残存烽火台情况统计如表2：

表2　嘉峪关周边长城残存烽火台情况统计表

名称	北纬	东经	海拔 / 米	现存高度 / 米	备注
嘉峪关南北长城	44°01′	98°32′		6	讨赖河墩
	44°03′	98°32′		10	
	44°05′	98°32′	1 743.3	27	
	44°05′	98°32′		10	
	44°11′	98°31′		22	
	44°12′	98°31′		5	
	44°13′	98°29′		7	新腰墩
嘉峪关东长城	44°12′	98°34′	1 645	4	
	44°13′	98°35′	1 629.2	8	
	44°13′	98°37′	1 614.4	6	
	44°14′	98°38′	1 598.6	7	
	44°15′	98°39′	1 582.4	8	
	44°16′	98°40′	1 568	8	
	44°17′	98°42′		9	
	44°17′	98°43′		8	
	44°18′	98°44′	1 519.8	6	
	44°19′	98°45′	1 509.3	6	
	44°20′	98°46′		6	
	44°20′	98°47′		9	钟家
	44°20′	98°47′		2	
	44°20′	98°48′		2	野麻湾墩
	44°20′	98°48′		10	
	44°22′	98°47′		2.5	
	44°23′	98°47′		5	
北长城	44°20′	98°48′	1 481	1.4	
	44°19′	98°51′		3	
	44°17′	98°53′		2	
	44°16′	98°55′	1 464.7	5	柳条墩
	44°15′	98°56′	1 455.1	1.8	

由上可知嘉峪关明代周边长城边塞由黄土夯筑墙、黄土夹沙夯筑墙、片石夹土夯筑墙、依山凿崖壁、崖榨墙、壕沟墙及建于其中的烽燧、墩台等组成。

>> 嘉峪关周边城堡

明代嘉峪关关城修筑后，为形成比较完善的防御体系，有效地进行防御，除分路建有长城烽墩外，又在一些比较重要的地点建筑城堡驻军戍守。其中关东南有塔儿湾堡，关东北有野麻湾、新城堡，关北有石关儿营，关西有双井子堡（也叫木兰城），关西南有卯来泉堡、红泉堡，关东有安远寨等。另有供守关将士驻扎的黄草营盘、寺营庄子，以及供守关军官和家属居住的官园、横沟屯庄等。同时在肃州界内还有许多堡城。

所有堡城的分布大体有两路。一路沿长城沿线排列，多

筑于城墙内；另一路则分布于靠近祁连山的险要隘口。这些堡城有的只在本堡执行防卫任务，有的还分管附近的长城和一定数量的烽燧，执行防卫任务。

新城堡　位于今新城镇新城村第一居民组东侧，在嘉峪关东北 35 公里。《肃镇华夷志》云："新城，设在临边平川中地，土城周围二百一十五丈。东至两山口堡三十里，西至野麻湾堡二十里，南至肃州三十里，北近边。内设防守官一员，军丁二百一十九名，马一百三十四匹，屯田三十七顷一十四亩三分零，屯科粮一百八十二石七斗零，草二千七百九十二束，盐一千引。腹里沿边墩台一十八座，境外墩台一十三座。所管边一截，东至两山口界起，西至野麻湾界止，共长三十里。贼由水头二处，钵和寺湖尾，离堡二百里，至肃二百三十里，系海套诸房往来聚结之处，经由要路。"又云："新城堡，城北三十里，亦冲要之地，先年内无居民，止西番住牧。嘉靖二十八

◆ 嘉峪关长城

年，同古城等堡展筑城垣，设添官军，近来虏扰虽未尽息，而较之先年，则地可以耕，迤西耕牧者恃以无恐焉。"《重修肃州新志·西陲纪略·拾遗补录》详细记载了口外蒙古驻牧新城堡的情况："北边一带往来游牧，住歇于新城水头者，曰把都儿台吉。又有曰色各长素台吉，曰古木素台吉，曰桑格思巴台吉，有曰额力刻绰儿台吉，有曰答力汉绰儿台吉，曰倒色郎楞台吉，曰阿要台吉，曰答里吴麻把什台吉，曰浑都鲁台吉，曰满吉大台吉，曰额各庆台吉，曰胡隆木石台吉，曰拨讨台吉，曰额亦得尼合首气台吉。以上肃州口外各蒙古，皆额鲁特之分派。自罗卜藏丹津叛后，俱令移徙族帐于苦苦脑儿，西宁夷情大人管辖。"

新城堡用黄土夯筑而成，堡高 10 米，墙头筑有巡墙。堡内西北角有一台阶式漫道，可直达墙头。紧靠西墙外筑墩台一座，略高于堡墙。堡内原建有上帝庙、圣母庙、关帝庙三座。因卑湿颓废，康熙四十年（1701），移建堡外西南，今已无存。在紧靠西墙外的墩台上，曾修三官庙，此庙已于民国时拆除，堡内有泉一眼，亦于民国时干涸。堡城南墙拐角处有驻守的兵营。此堡遗迹现存无几，只有残墙长 85 米，高 5 米左右，厚 1.5 米左右，夯土层 15 厘米。

堡西 300 多米处，曾修一屯庄，墙高 8 米，厚 3 米，墙头有土坯砌筑的巡墙，转台用木头搭成，此屯庄供屯田士兵住用。现已无存。

堡外二里多的长城上修一暗门墩，为出入长城的门户。

新城堡是肃州北长城西端的一个要塞。向来驻军设防。《重修肃州新志》载：新城堡原有骑兵 300 名，步兵 100 名，到万历末年，有马、步兵共 219 名。到清代"新城堡把总一员，马战兵十一名，守兵三十九名，官马二匹，兵马十一匹"。

明代所设防守官，未有姓名流传下来。清代曾任新城堡把总者有：

于国泰，清嘉庆十三年（1808）在任。

孙隔武，清同治七年（1868）在任。

张　瑞，清光绪四年（1878）在任。

野麻湾堡　位于嘉峪关市新城镇野麻湾村第一居民组。野麻湾堡地处要塞，是关东防务要地之一。

《肃镇华夷志》载："野麻湾，设在临边平川，系海套诸酋住歇过路极冲要地。土城周围一百四十丈，东至新城二十里，西至嘉峪关五十里，南至肃城五十里，北近边墙。内设防守官一员，军丁一百三十名，马一百匹，有贼由大路四道，节年靼虏由此入犯，故建此堡。"又云："野麻湾营，城西北六十里，嘉峪、新城之中，边常沙壅，虏窥易犯，冲要之地，实可耕稼。万历四十四年，兵备内江李应魁、参将湟中祁秉忠，议呈巡抚祁光宗筑堡，添设防守兵马。"

城堡为黄土夯筑而成，周围长 476 米，西北窄，东南宽，呈长方形，遗址西北两面城墙保存较完整，东南两面墙残损严重，堡城墙残高 9.9 米，底厚 7.7 米，顶宽 2.8～3.8 米不等，城墙上设有宇墙，高宽各 0.9 米，夯土层 14～17 厘米。在东墙外有瓮城遗迹，长 13.4 米，有 5.7 米的缺口。东墙内北侧有一斜坡马道，印迹高 7.4 米，长 17 米，上宽 2 米，西墙内侧有同样高度的木梯马道。堡内原有仓库、住房、堡楼、角楼、敌楼等，现已无存。

堡城西墙外侧有贴墙墩台一座，称野麻湾墩。墩台与堡城墙同高，为方锥体，底长 23.3 米，宽 11.3 米，上宽、长均为 12 米。墩上有垛，垛高 2.4 米，宽 5.4 米，垛口深 0.6 米，宽 0.55 米。《肃镇华夷志》："野麻湾墩，离城六十里，在新城堡西北，地虽冲要，实可种稼，恐被虏侵，今建堡。"这就是

说先有野麻湾墩，后建野麻湾堡。

堡东 12.2 米处原设一炮台。堡北原有庙院。庙院距堡 10 米左右，坐北向南，占地约 5 亩，上殿为龙王庙，殿后为三官庙、马王庙、雷祖庙，庙院内还有娘娘庙，并辟有大小山门。《重修肃州新志》载："马王庙，在野麻湾堡。康熙间重修。""关圣庙，在野麻湾堡北。"这就是说在野麻湾堡北庙院尚有关帝庙。所有庙宇今皆不存。

堡南一里有校场一处，占地 105 亩，中间筑墩台，南侧有照壁，并有马道。

野麻湾堡附近，水源充足，地域广阔，适宜耕种。清末以后，堡内曾有居民，还有学校。民国后，堡内曾建有铁工场。

◆　野麻湾堡

野麻湾建堡后，一直设防，派兵驻戍。明代马步兵 130 名。清康熙三十年（1691），野麻湾堡设把总 1 员，马步兵 11 名，守兵 39 名。清代野麻湾堡有记载的把总有：

魏和一，清嘉庆十三年在任。

吴　兴，清同治七年在任。

郭宗凯，清光绪四年在任。

石关儿营　位于峪泉镇黄草营村第一居民组石关峡内，也称石峡堡，在关北，距关10公里。《甘肃军政志》言："先年在今黑山湖附近石关峡口曾建有石关儿营一座，驻兵把守山口要路。"《重修肃州新志》载："石关儿营，在嘉峪关西北，离城七十五里。旧有石关儿口墩一座、骟马城一座。嘉靖元年（1522），西番巴郎族比言秃在此住牧，今无。嘉靖三十五年（1556），兵备副使陈其学筑一营，以备西北山口，有御寇矣。"又云："石关儿，在关西北十五里，石硖天险，硖外有骟马营。"石关儿营现只存残墙断壁两截，一截长12米，墙高2米，最高的一段高7.5米，为石片夹沙垒筑。另一截堡墙紧靠山崖，长3米，高0.7米，厚0.4米。

骟马营　也称骟马城堡。在嘉峪关西100里，嘉靖中置。是嘉峪关境外前哨阵地。清为索囊儿台吉及绰力兔合首气台吉住牧。

双井子堡　位于嘉峪关西40里，是嘉峪关西的前哨阵地，是军队在关外第一站宿卫营盘，也是一座设备完整、可驻戍转运、能战能守的城堡。清末民初，变成了过往商客的歇脚站，后来因河流改道，干旱缺水，居民他徙，此地变得冷落荒凉了。陈庚雅在《西北视察记》中说："关西四十里，曰双井堡，已无人烟，传昔日居民繁多，咸以淘金为业，现其堡院落之遗迹，亦颇近似。"

双井子堡遗址现被兰新公路一分为二。城堡周长708.3米，现存墙长586米，堡为长方形，墙体残高4.2米，底宽2.8米，上宽1.6米。城堡有东、西两门，东门已毁，西门楼台遗迹清楚可见。门洞深10.5米，宽4米，门顶上有楼台，面积231平方米。从残存的瓦片可以看出当初楼台上建有城楼。楼台内侧有一斜坡马道，长9.5米，宽2.6米。现在仍然能够沿着马道登上城头。东墙外10米处有一庙宇遗址，只存庙台。

据当地百姓说，堡内曾有水井数十眼，每两眼紧挨一处，为一对。一对井中，一井有水，一井无水，称为"真井"和"假井"。官兵驻守时用真井，水源充足，人畜足用。遇有军情时，人员撤离，掩真井，留假井，切断水源，可使入堡者或敌人无法立足。因而此堡名为"双井子"。现在堡内只有一眼枯井，堡外东北角尚有井一眼。

黄草营盘　位于峪泉镇黄草营村境内，南距关10公里，是明清驻石关峡口军队的营院。

黄草营盘分上、中、下三处。上营院在石关峡口附近的长城内侧，古河道南杨家庄；中营院在柳家庄北侧；下营院在王家庄西侧。占地均为5亩，遗迹皆已无存。黄草营，水源出于黑山湖泉水。黑山湖在黄草营西10余里处，西出石关峡口即到。此处傍山近水，山势险要，水草茂盛。早年，黄草营的附近有良田数百亩，居民六七十户。

官园　位于峪泉镇嘉峪关村第五居民组，在关东北约5里处。清代嘉庆年间（1796—1820）所建，是镇守关城的官员和家属所居住的地方，因称官园。官园分为官堡和果园两处。

官堡原占地5亩，是座方形城堡，堡内有房屋，门向南开，正对果园，堡墙黄土夯筑。断壁残垣尚有存者，高4.5米，底阔3米，上宽2.3米。壁上筑有宇墙，底厚0.9米，上厚0.4米。北墙东侧有斜坡式马道一条，宽1.5米，由此可登上堡墙。官堡南十余米处，有一果园，栽培有桃、杏、梨等果树，面积较大。

寺营庄子　即小钵和寺堡（也称小钵和寺营），位于新城镇野麻湾村北新城林场附近。此堡可瞭望断山口一带烽火，是野麻湾堡外一处重要的防守屯兵之所。此城堡为黄土夯筑，轮廓较完整，遗址周长299.8米，堡墙东、南、北三面各长84米，西墙长67.8米，南墙正中开一豁口，宽5.8米，墙高6.5

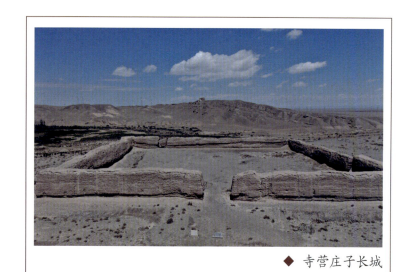

◆ 寺营庄子长城

米。庄子四周有一道护城沟。庄子内已无房屋遗迹。

横沟屯庄 位于新城镇横沟村第二居民组。为当时官庄，呈方形，占地约 40 亩。屯庄分内城和瓮城，内城有住房、库房等建筑。庄墙高 6.6 米，底阔 6 米，庄门朝南开。屯庄基础为明代嘉靖年间（1522—1566）所筑，清代有所续建。墙体为黄土夯筑，夯土层 14 厘米。屯庄已颓毁殆尽，现只存有部分残墙遗迹。

安远寨 位于嘉峪关东约 20 里处，原设在嘉峪关通往肃州的路上，现在甘新公路南侧峪泉镇安远沟村贾家庄。《肃镇华夷志》云："安远寨，城（肃州）正西四十里。内无居民。"又云："安远寨坝，城西三十里，亦讨赖河之水也，浇本营迤东田土。安远寨主要是作为军事营寨或屯兵驻地。现在城堡遗迹无存。"

塔儿湾堡 位于文殊镇塔儿湾村，在文殊山口外。嘉靖初，南山海寇由淖泥山出天生桥，潜入文殊山口抢掠，并由此进入塔儿湾、黄草坝、兔儿坝。三坝深受其害。嘉靖中期，兵备李涵筑修嘉峪关南、北长城，参将柳栋斩断天生桥口，后又

建卯来泉墩、卯来泉堡。海寇便不能入。《肃镇华夷志》云："嘉靖初年数被北虏由讨赖河南，或从文殊山口出没，三堡抢掠无时，自兵备李涵议筑嘉峪长城，斩断文殊山口，至后虏来亦不能过。"又云："文殊山口，城西南三十里。先年南山海寇常由淖泥山透天生桥从小峡路，先将马悬吊地下后，人方下，潜入此口抢掠西番，或杀僧人。自参将柳栋自嘉峪关斩断山峡，又设卯来泉墩，至今未有虏至此口。"

塔儿湾堡遗址现只存堡西墙、南墙和北墙的一部分，还有三间庙宇。

卯来泉堡 位于肃州西南 70 里，西北至嘉峪关 40 里，东至金佛寺 70 里。设在半山极冲下地，土城周围一百四十丈。西、南俱靠山险。内设防守官 1 员，军丁 125 名，番夷 49 名，马 59 匹。该屯粮六百八十三石九斗零，草五千一百二十七束，俱系肃州卫拨发，盐一千引。倚山无边，所管墩台 11 座。《肃镇华夷志》载："卯来泉墩，城西南七十里。因滥泥山、牌楼山、松达坂山后海虏渡河，潜山掠番，为肃州塔儿湾、黄草坝之患有年。万历三十九年（1611），该兵备泽州王忠显、参将湟中柴国栋议呈巡抚周盘，于泉侧创筑堡城，添设防守兵马、仓场，就近戍守，改肃州西南屯田，供彼兵饷。"《重修肃州新志》载："卯来泉堡，……明置土城，在半山，周一百四十丈，西、南二面皆倚山为险，山北即番人走集之所，现设官兵防守。又，今黑番伯剌宛冲族住牧。堡西有肠子沟，去州一百九十里。又，红泉墩，去州一百五十里。南山讨赖川诸夷入寇，必从堡南渡河，若堡扼险，则必从肠子沟至红泉墩，于长城尽处入也。"清代设把总 1 员，马战兵 10 名，守兵 49 名。

卯来泉堡坐西向东，主体为正方形，长约 104 米，宽约 103 米，城内有马道，城门外有瓮城，城墙残高 6～8 米，宽 2～3 米，虽有多处坍塌，但墙体仍显得高大壮观，保存较为

完好。堡城外围沿东南—西北走向有一防御工程边壕。卯来泉位于堡城东南右边山梁下。

红泉堡　也称大红泉堡。位于关城西南 45 公里处，靠近祁连山边缘红泉口。约于红泉墩修筑前后所建。《重修肃州新志》载："嘉靖八年添筑骟马城、上柏杨、下柏杨、回回墓、红泉墩台五座。"这就是说红泉堡建于明嘉靖八年前后，是明清时代嘉峪关西南的一处防务要地。它把守嘉峪关外祁连山诸口，地理位置极为重要。

红泉堡为黄土夯筑而成，夯土层 9～16 厘米。南北长 39 米，东西宽 54 米，周长 186 米，是一座小型城堡。城堡呈长方形，门开在南面。堡墙残存，高处约 4 米，低处 1.5 米左右，墙基用砾石垒砌，高约 1 米，厚 2.2 米，堡墙顶宽 1.8 米，无宇墙。北墙与东墙中间各有一座腰墩，为 4 米见方的墩台，均为黄土夯筑，形制相同。堡南 300 米处的山冈上有红泉墩。

金佛寺堡　设在近山极冲地，土城周围二百四十丈，外有讨赖川离堡二百一十里。《肃镇华夷志》云："金佛寺堡，城东南九十里。嘉靖二十八年，展城添设防守兵马，以御南番，皆巡抚杨博、兵备王仪议。"内设防守官 1 员，军丁 143 名，番夷 20 名，马 68 匹。所管墩台 22 座，内腹里墩台 6 座，境外沿山墩台 16 座。

至于嘉峪关之母山嘉峪山在五凉、十六国、隋唐河西文化闪亮辉煌时期亦有过特殊表现。嘉峪山当时林泉秀美，洞壑清幽，书院、寺院、道观、石窟星罗棋布，儒、释、道三教文化同汇于此，建置甚多。

1961 年，"万里长城——嘉峪关"被国务院公布为第一批全国重点文物保护单位。1987 年，中国长城被联合国教科文组织列入《世界文化遗产名录》。根据 2006 年 6 月 2 日《国务院关于核定并公布第六批全国重点文物保护单位的通知》（国发〔2006〕19 号），嘉峪关境内明长城遗址全部列入全国重点文物保护单位。

表3　嘉峪关修建沿革表

时间	修建项目	主修人
洪武五年（1372）	筑土城，周长 640 米，高 6 米，宽 3 米	冯胜
弘治八年（1495）	筑关城城楼和罗城	李端澄
正德元年（1506）	内城墙加高 3 米，共 9 米； 筑内城东西二城楼与官厅、夷厂、仓库等附属建筑； 加高边堡 9 座，添筑角墩、敌台、悬阁、谯楼共 10 余座，添筑墩台、角楼 126 座	李端澄
嘉靖八年（1529）	关外原有大草滩、石烟墩、黑山儿等墩台 3 座，今加筑骟马城、回回墓、上柏杨、下柏杨、红泉等墩台 5 座	李涵
嘉靖十八年（1539）	加筑关城，添筑敌楼、角楼、悬角楼、墩台； 修筑外城墙 1 100 米，高 3 米，墙外掘护城河，长外墙、远墙各一道； 修筑西长城，南起北大河，北抵黑山腰，全长 15 公里；墙外清壕墙淤沙，掘外壕一道	李涵
嘉靖二十六年（1547）	关外加筑火烧沟、下古墩儿、三条沟、榆树泉等墩台 4 座	杨博
万历元年（1573）	修筑北长城，西起新腰墩，东与肃州东边墙相接，全长约 37 公里	

◆ 驼铃声响丝绸路

第四单元

山河形胜　绿洲风情

——

嘉峪关盛景

　　本单元以一个展厅的篇幅，言及今日嘉峪关地区经济与文化的高速发展：嘉峪关周边的自然环境，极尽壮美，蕴藏着无尽的旅游开发资源。遍布四周的名胜古迹，闻名遐迩，为本地区增添了浓烈的人文色彩。而嘉峪关市及关城景区日新月异的变化，更昭示着嘉峪关人民力求在丝绸之路经济带建设中获得先机，力争为国家和社会多作贡献而不懈努力的工作业绩。本部分的设计特点是纵向贯通历史与今天，横向展开本地区社会画卷，突出其地域性的鲜明特色，使之既富历史感，又具时代感。

◆ 土夯墙围起来的关城

嘉峪关位于明万里长城西端起点，因建在嘉峪山西麓而得名。嘉峪关雄踞于甘肃省河西走廊中西结合部，向有"河西咽喉""边陲锁钥"之称，战略地位十分重要。

壹 嘉峪关的自然地理 ——————————— ONE

嘉峪关是我国古代重要的军事要塞和丝绸之路之要径。南望祁连，雪山嵯峨万仞；北通沙漠，紫塞延袤千里；西连戈壁，苍茫寥廓无垠；东邻酒泉，绿洲阡陌纵横。今之嘉峪关地区，地处东经 97°49′ ～ 98°31′，北纬 39°37′ ～ 39°50′，总面积 2 935 平方公里（含酒泉钢铁公司镜铁山矿区和西沟矿区）。辖域分布于酒泉盆地西沿的祁连山北，讨赖河中游，东西与酒泉市、玉门市为邻，南与肃南裕固族自治县为界，北与金塔县接壤，东距省会兰州 758 公里。

◆ 金塔肩水金关

嘉峪关域内地势西南高、东北低，自然坡度为13.3‰。南有祁连山、文殊山（即嘉峪山），北有黑山和后墩山，中为酒泉盆地西缘，海拔1 430～4 200米，其中戈壁滩部分海拔1 500～1 800米，绿洲分布于1 430～1 700米之间。山地面积占总地域面积40%，下有丰富矿藏；戈壁荒滩面积占总地域面积32%，是城区、工厂企业、商业、民用建筑廉价优越的用地；东南、东北为绿洲，是农业区，绿洲随地貌被戈壁分割为点、块、条、带状，面积占总地域面积28%。

嘉峪关地域处于祁连山北麓，其地质结构是祁连山地层结构的延伸。远古时代，嘉峪关地域为海洋。随着地壳的抬升，海水退出，形成陆地。经过中生代、新生代各次造山运动，祁连山成为高山区，河西走廊成为介于南北两山间的断陷沉降带。在第三纪至第四纪时期（距今约6 700万年），由于域内嘉峪山麓倾斜台地和酒泉盆地西南部边缘高台地堆积物厚度不一，以域内中部的嘉峪关断层为界，西边埋藏深，东边埋藏浅，域内的砾石层厚度在300米以上，最厚处达1 000～1 500米。自地面往下100米间砾石层多砂质，天然地基承压强度为6千克/厘米^2，自地表起向下3米之间，沙砾较松散，3米以下砾石堆积密致，且多被钙质胶结。域内砾石层的物理力学性能，为地面以至地下建筑工程提供了十分优越的条件。砾砂、卵石等建筑材料，可就地筛取，质地优良，规格齐全，不假远求。

嘉峪关域内水资源来源于河水、泉水、地下水。内陆河流讨赖河属黑河水系，发源于青海祁连山北麓，即今青海省祁连山区纳嘎尔当沼泽地，西北流入甘肃省境，经托勒山与托勒南山宽广的谷地，汇祁连南北30多条水，北流过镜铁山，由西南至祁连山冰沟口激流而出，进入河西走廊。由嘉峪关西南入，东南出，折向东北，流入酒泉境，经过肃州城北，至临水汇南来的洪水河，再东北流，切穿夹山，过鸳鸯池水库，经金塔绿洲，至鼎新（毛目），入黑河（弱水），北流入内蒙古额济纳旗居延泽（今因在金塔被水库拦蓄，致使下游河床终年干涸，已不能与黑河汇合，故无法流入居延）。

讨赖河，汉代称"呼蚕水"，南北朝时叫"福禄水"，唐至五代名为"多乐水"，又称"金河"。"多乐"是匈奴语"讨赖"的转音。或说"多乐"，突厥语

为"黄色"。"金河"是"多乐"的意译。讨赖，又译为"陶勒""托来""讨来"或"洮赉"等名称。又因河水自冰沟口出峡谷后，经酒泉城北侧东北流，故人们俗称"北大河"，今通称北大河。河流经肃南、嘉峪关、肃州、金塔，全长 360 公里，甘肃省境内 250 公里，流经嘉峪关域内 35 公里。冰沟以上水源和流域面积 6 880 平方公里，年径流总量 6.9 亿多立方米。据酒泉水文站的统计，在域内龙王庙处流过的年水量为 4 亿立方米，为总流量的 58%，其余的 42%（2.9 亿立方米）则渗漏于冰沟至龙王庙间的河床内，补充了嘉峪关域内的地下水。

嘉峪关域内的地下水储量较为丰富，总储量约为 7.318 亿立方米，年补给量 1.636 亿立方米，允许开采量 3.53 立方米 / 秒，实际开采量 1.47 立方米 / 秒。

嘉峪关域内地下水补给途径，主要靠地表渗漏补给，即靠北大河、白杨河两河渗漏补给，约为 3.463 立方米 / 秒；又靠南山沟谷潜流补给，由祁连山通向嘉峪关域内有大红泉沟、西沟、东浪柴沟等 20 余条大小沟谷，有潜流，也有表流，渗入补给量约为 0.32 立方米 / 秒；深部基岩侧向、顶托及其他补给约 3.889 立方米 / 秒。

以上三种途径总计补给量为 2.93 立方米 / 秒。嘉峪关域内地下水静贮量为 15.2 亿立方米，动贮量为 6.98 立方米 / 秒。境内易开采地下水源地有北大河两岸、关城东侧低地和黑山湖一带。为稳定城区和工业用水，坚持开源与节流，现今嘉峪关域内先后在戈壁滩上建成大草滩水库、拱北梁水库、双泉水库、安远沟水库（即东湖）和迎宾湖，使城市和各灌溉区内都有了蓄水工程，总库容 7 170 万立方米。经过多年开发，双泉水源地地下水截引出水量增大到 0.925 立方米 / 秒，年增加水量 1 340 万立方米。水源水位比城区高 60 米，不用水塔，可直接供应各家各户。这些截引调蓄设施，有效地缓解了城乡供水矛盾，涵养了水源，保护了湖泽湿地，改善了生态环境。

贰 嘉峪关文化的源头 ——————— TWO

　　嘉峪关与酒泉、玉门接壤为邻，考古发现酒泉在原始社会末期新石器时代晚期有马家窑文化及马厂类型文化遗址。从发现的遗址看，当时酒泉地方已有了原始农业、畜牧业和手工业生产，人们有比较集中的方形、圆形房屋，制陶窑址及公共的氏族墓地，有共同的信仰、习俗。其时间与中国历史上的五帝时期相当。而酒泉、玉门发现的火烧沟类型、四坝类型文化遗址，其遗址文化遗存有贝、蚌、铜器、金银器、玉器等，表明酒泉、玉门周围历史已进入了金石并用时期，即进入青铜器时代。此时生产力发展较前有进步，产品交换扩大，财产私有出现，社会分工有所发展，其相对年代相当于夏商之际，距今 3 700 年左右。嘉峪关人类活动情况当与酒泉、玉门同步。

　　火烧沟文化遗址位于玉门市清泉乡政府东侧约 300 米处，汉代当属天依县范围内，因当地有红土山沟，土色红似火烧而得名。1976 年遗址发掘，出土有彩陶、石器、铜器与金银器共存。墓葬中出现有绿松石珠、玛瑙珠、海贝和蚌饰。陶器上雕有羊头为饰。墓葬中随葬有狗、猪、羊、马等，用羊随葬甚多。以羊为饰，且随葬以羊为最多，这就不能不和羌人相联系。"羌，西戎牧羊人也。"中国古代夏、商、周时西戎和羌人活动于西方（在今陕西西部和甘肃）。《诗经·商颂》："昔有成汤，自彼氐羌，莫敢不来享，莫敢不来王。曰商是常。"这说明酒泉、嘉峪关、玉门的先民中有游牧的和半耕半牧的古羌人和西戎人在活动。

　　周人从豳、岐兴起，依靠同姜（羌）姓等的联盟，经过四代人（太王、季历、文王、武王）的努力，伐灭商纣，建立西周成为天下共主。由于周武王推行分封诸侯的制度，将主要视野放于东方，对原来的同盟者羌人（包括西戎），除少数封于东方或畿内（齐、吕、申等）外，大多数被排斥疏远，北去泾洛或远去西方，有的还遭受征伐。周穆王曾"西征犬戎获其五王，迁之大原"。懿王、孝王时西周开始衰弱，西戎势力逐渐兴起，逐渐东进。西周末年，因幽王无道，褒姒乱国，废太子宜臼，宜臼之舅申侯（申戎之国君）联合西

嘉峪关盛景

戎、犬戎攻杀幽王于骊山下。故于此前，羌与西戎长期游牧耕作往来迁徙于甘肃东西有水草之地，酒泉、嘉峪关、玉门地域亦不例外，主要是羌人、西戎活动之域。

西周末年到春秋初西戎逐渐东迁，参与王室争夺，羌人南徙，进入祁连山及青海一代。战国至秦，河西先后为塞种、乌孙、月氏等游牧部族居住。汉初为匈奴占据。自汉武帝时开始，西汉多次讨伐出击匈奴，将匈奴逐出河西，建四郡，据两关，河西正式入汉版图。西汉王朝采取"徙民实边"、屯田，修建长城烽燧、障塞并驻军戍守等措施治理河西，嘉峪关域内留下有汉长城、障塞遗迹。魏晋十六国、南北朝时期是河西历史发展中的一个重要时期，特别体现在河西文化多方面的发展繁荣，一大批教育家、经学家、学者的出现为这个时期的历史增添了光彩的一页。嘉峪关地域内嘉峪山谷中，《重修肃州新志》称之为"酒泉南山"，出现了一个酒泉地域文化的中心，集儒、道、释三者于一体，建有书院、寺观、庵阁，林泉秀美，奇木蓊郁，涧壑幽雅。而且十六国时期氐、鲜卑、匈奴等少数民族豪酋建立了后凉、南凉、北凉政权，同时河西的羌人势力也趁机坐大，这里虽有胡化的问题，但更多的是汉文化的强大吸引力使河西地区的少数民族受到不同程度的汉化，尤其是其首领受汉化更深，如沮渠蒙逊、秃发傉檀等汉文化修养很高。所以嘉峪关域内同河西其他地方一样也是各民族融合、多元文化交汇之域。隋唐时，佛教文化在嘉峪山进一步发展，而儒学却失去了十六国、南北朝时的辉煌。从唐朝安史之乱后，吐蕃势力一度统治河西，并对汉人推广吐蕃化政策，唐末出现在人们视野中的嗢末部（吐蕃奴部）就是吐蕃化汉人的后裔。五代、宋、元时期，河西大部地区先后被回鹘、党项、蒙古人所统治。酒泉、嘉峪关地域从唐末到宋前期被龙家人（突厥突骑施之后裔）占据，后亦被党项、蒙古所统治，嘉峪山古寺宗

教文化仍在继续，而声明文物，却较汉唐相差远矣。明清时，蒙古、回、藏、维吾尔、哈萨克、裕固等族在600年间频繁迁徙，反复安置。肃州虽复修酒泉书院，而嘉峪山谷中书院早不复存在。嘉峪关于明初建立，关下周围很少居民，初时无学校之设。清代前期嘉峪关作为经营新疆的前哨阵地，周围人口增加，街市颇具规模，曾设社学以蒙村童。由于嘉峪关城内学校不兴，故终明清之世并无有才德知名之士起而贡献社会。嘉峪关文化因历史的变迁和归属变异而与嘉峪关分隔、中断，但留在嘉峪关地域的人文景观，足够人们理解消化许多年。那雄伟壮观威严的嘉峪关关城；那气壮山河、蜿蜒曲折、延袤万里的汉、明长城遗迹，长城第一墩，悬壁长城；那些遗留在黑山悬崖峭壁上的古代游牧民族艺术珍品的黑山岩画；那些散布于新城13平方公里戈壁滩下魏晋墓的地下画廊，是够我们花上许多功夫去咀嚼、体味、思考的。

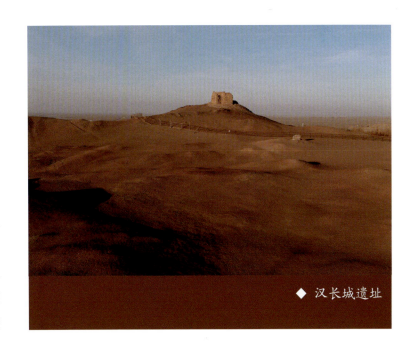

◆ 汉长城遗址

103

◆ 当代嘉峪关

叁 当代嘉峪关 ———————————————— THREE

>> 天险锁钥：固若金汤续传奇

古典帝国时代，由于当时社会生产力的落后，人类文明的"条块化"分割破碎的现象极为明显，帝国中央政府对"帝国边缘地带"的统治控制就更为薄弱。因此随着帝国内部兴衰治乱的演化循环，其统治控制版图扩张与收缩的脉动变迁周期也极为频繁，而伴随着帝国的起起落落，人类社会不同文明板块间的"碰撞前沿地带"也频繁闪现于历史记录中。

地处河西走廊的嘉峪关就是这样一个"碰撞的前沿地带"。张骞、班超、玄奘，从这里走向了人生的辉煌，走入了史册。

《尚书·舜典》记载："窜三苗于三危。"《尚书·禹贡》中说："三危既宅，三苗丕叙。"早在 5 000 多年前，三苗的身影在嘉峪关黑山地区的深草崖壁上出没着。

1976 年，甘肃省文物考古工作队在距嘉峪关很近的玉门市清泉乡火烧沟发掘出土了大量的彩陶器，还有铜器及松绿石珠、玛瑙珠、海贝等装饰品。陶器上雕有羊头为饰，3 700 多年前，号称"西方牧羊人"的羌人，在嘉峪关黑山地区活动着。

黑山的岩壁上，分布的大大小小 160 多幅岩画，就是这些古老民族在远古的嘉峪关创造的灿烂文明。

河流与山脉是人类最初的家园，是人类埋下胎衣的地方，是文明的起点与边界。黑山位于嘉峪关西北，古称"洞庭山"，山涧泉水、溪流潺潺而下，山下的大草滩地广草茂，从古至今都是理想的天然牧场。汉唐时期，从黑山到新城草湖一线，最多有十万匹骆驼和马匹在这里补充粮草，走向中原，走向中亚、西亚和欧洲。那时候，黑山的声名已经传了很远很远。

嘉峪关市新城镇的戈壁滩上，坐落着数以千计的古墓，目前已考古清理发掘了十余座。其中编号第一、三、四、五、六、七、十二、十三号墓都有壁画，称为壁画墓。丰富的壁画内容，以当时的社会现实生活为题材，反映了魏晋时期嘉峪关一带政治、经济、文化的真实图景，计有农耕、养殖、牧畜、狩猎、酿造、出行、宴乐、庖厨、屠宰、生活用具、坞壁、穹庐等。从砖壁画中，我们可以看到庄院坞壁，农、牧、林、猎兴旺，墓主宴饮作乐，奴婢辛勤劳作，呈现一派生机勃勃的庄园经济景象。

嘉峪关魏晋墓壁画，浓缩了 2 000 年的丝绸之路文明史，承载了古老的中华文化密码。

嘉峪关的防卫，"较阳玉犹严"，意思是比阳关、玉门关更加缜密，再加上防线外围还有更大的天险和天堑保障，即祁连山和黑河流域及其两岸巴丹吉林沙漠，那就称得上固若金汤了。古代人类无法绕行祁连山和黑河，嘉峪关就是中原文明西出和西域文明东进不二的通道。防线上的天生桥口、小钵和寺隘口是要塞，以及与要塞相连的山河峡谷也被巧妙使用。

嘉峪关防线处在 16 世纪世界前后两大帝国的分界线上，处在影响欧亚大陆经济商贸的丝绸之路的要冲上。嘉峪关防线对明朝、蒙古国、西域的历史都产生了重大影响。可以这样说：得嘉峪关者得天下。

如果在世界范围内寻找一处能证明冷兵器时代人类最经典的国家防线，那就是嘉峪关；如果在丝绸之路上寻找一处见证欧亚商贸历史的典型遗迹，那就是嘉峪关；如果寻找见证 16 世纪世界上当时最强大帝国和势力对峙、攻守的代表遗迹，那就是嘉峪关。

600 多年过去了，当我们矗立在嘉峪关城楼之上，迎着炽烈的骄阳，已不能去选择和假设历史。拾级而上，我们会惊叹于古人的智慧，如同在欣赏一座完美的建筑艺术精品。

这里每一块坚硬结实的青砖，都默然承受着世界与中国的沉浮沧桑，轻声讲述着一个国家一次次拔地而起的故事。

西去东归，羌笛横吹。

习近平总书记提出的"一带一路"倡议，赓续历史传统、描绘发展蓝图、顺应民心所向，势必为嘉峪关的崛起注入强大动力。

>> 天下雄关：杨柳春风谱新篇

长城与丝路相交，雪山与绿洲相映，戈壁与湿地相连，传奇与时尚相接。自然，赋予了嘉峪关令人称奇的美景；文化，给予了嘉峪关无穷无尽的活力。在当代，嘉峪关更是一尊钢铁巨人，矗立在祖国的西北大地。他不仅是祖国西北最大的钢铁基地，而且是全国性的综合交通枢纽，城镇居民和农村居民人均收入、城镇化率和小康实现程度等指标均居全省前列，先后荣获中国优秀旅游城市、国家卫生城市、国家环保模范城市、国家园林城市、全国双拥模范城"六连冠"等 16 个国家级城市名片，正全力创建全国文明城市、国家全域旅游示范区、国家生态园林城市、国家食品安全示范城市、国家农产品质量安全市和全国休闲运动型城市等等。

承接历史，嘉峪关是军事重地。在民族冲突的时候，这里是一座军事重镇，以防御来追求和平、和合。历史上乌孙、匈奴、月氏、突厥、吐蕃、西夏等民族，都曾在这里登上历史舞台。了解这段历史，有助于我们了解中华民族的缘起与发展。

嘉峪关是商贸要地。在民族和谐的时候，这里驼铃声声响丝路，马蹄得得伴燕鸣，见证了"使者相望于道，商旅不绝于途"的丝路盛景。今天，这里依然是新亚欧大路桥上重要的补给点、中转站，是甘肃向西开放的桥头堡。

嘉峪关是文化高地。长城文化和丝路文化在这里汇聚，游牧文化与农耕文化在这里碰撞，中原文化与西域文化在这里交流，嘉峪关见证了华夏文明与其他三大文明的交汇交融，历史源远流长、文化底蕴深厚。

嘉峪关是旅游胜地。境内拥有 8 个 A 级景区，包括以世界文化遗产——嘉峪关关城为代表的 5A 级景区、"七一"冰川、魏晋墓群、悬壁长城、讨赖河大峡谷等一批自然景观和人文景观，有待于深入挖掘。

嘉峪关是精神宝地。作为中华民族的象征，长城精神在嘉峪关得到充分体现。建市数十年来，一代代嘉峪关人筚路蓝缕，在大漠戈壁建起了一座宜居宜业宜游的现代化城市，艰苦奋斗、开拓创新的精神更是这座城市最为宝贵的财富。

在丝绸之路经济带建设中，我们将紧紧围绕嘉峪关丝路长城、戈壁新城、工业强城、旅游名城、生态绿城、交通大城的城市定位，把"找到世界城市影子的城市""古老传奇和现代时尚交织的地方""万里长城丝绸路、欢乐旅游嘉峪关"等形象推介出去，使嘉峪关真正成为名副其实的国际旅游城。

我们将打通文脉与商脉、产业与产品、资源与资本诸多关节和瓶颈。一方面，围绕关城、长城第一墩、悬壁长城、魏晋墓群和黑山岩画讲好嘉峪关历史文化故事，让当代人理解、接受，使游客感兴趣，以此打通文脉与商脉；根据文化游、生态游、工业游、遗址游、观光游和度假游推出不同的特色产品，拓展晚会、演艺等文化产品，打造二日游、三日游、五日游产品，推出风雨雕、驼绒画、祁连玉雕、嘉峪石砚等旅游纪念品，丰富"吃住行、游购娱、商养学、闲情奇"旅游要素内涵，满足不同游客多样化、个性化需求，以此打通产业与产品；通过激发民间投资积极性和发挥文旅集团等平台作用，实现资源变资产、资产变资本。另一方面，要从全产业链去完善全域旅游发展体系，即围绕"一个龙头"（关城大景区五大项目），"三大板块"（关城等为代表的历史文化板块、方特欢乐世界等为代表的现代体验板块、草湖国家湿地公园等为代表的生态休闲板块），"系列项目"（关城文旅、文殊航空、草湖生态、大漠温泉、观礼古镇五大特色小镇，戈壁大峡谷地质公园、房车营地、黑山岩画博览园、航空博览园、智慧旅游等重点项目）和"多元活动"（《丝绸之路彩绘艺术大观》、23 册《嘉峪关文化丛书》、纪录片《河西走廊之嘉峪关》等文化工程，国际短片电影展、丝绸之路国际房车博览会、国际铁人三项赛、丝绸之路国际音乐节等重点节会赛事），将之相互贯通，使嘉峪关市由丝绸之路上的交通节点上升为文化支点，继而跃升为旅游高点。旅游业态布局也将更加注重相关产业的深度融合和再创新，以全域旅游发展构建文旅、文博、文创、文育、文娱、文体、文工、文农多元深度融合式文化产业发展格局。

我们将发挥好区位交通便利优势，推进国际空港、机场改扩建、铁路物流园区、国际港务区、综合客运枢纽等立体化综合交通体系五大项目，打造公铁联运，路航对接，高速公路与省道、地方公路有效衔接的立体交通综合体系，形成"两城三港"（临空经济区空港新城和高铁新城，现代智慧空港、陆港和信息港）的交通发展格局，在嘉峪关汇聚人流、物流、资金流、信息流，通过生产性和生活性服务业的大发展为游客提供高端化、专业化、便利化、精细化、个性化的服务，吸纳集散河西走廊乃至甘肃、内蒙古、宁夏、青海、新疆等地的游客，从瓶颈突破上做文章，挖掘新的增长点。突破"工强文弱"的制约，突破"空小时短"的制约，发挥好全国交通枢纽城市作用，打造立体化综合交通体系和集散中心，用立体化、综合式的交通网络实现"时间换空间"，缩短嘉峪关市与旅游客源地之间的空间距离；突破"白有晚无"的制约，加大夜间旅游项目的开发力度，拉长旅游产业链，做大旅游二次消费市场；突破"夏热冬淡"的制约，从全季角度多谋划冬季业态，让淡季不淡；突破"观多度少"的制约，加快观光游向度假游的转化，开发度假避暑产品，重点发展运动休闲、养老康健等产业。

"却顾所来径，苍苍横翠微。""一带一路"经济文化的蓬勃发展，必将进一步推动嘉峪关文化的大发展和大繁荣，让我们共同期待和见证嘉峪关美好的明天。

◆ 关城远眺

后记

"不登嘉峪关，不足以语长城。不知长城，不足以语华夏！"嘉峪关巍峨的建筑，悠久的历史，如同一本教科书，传承着"自强不息、众志成城、坚韧不屈、守望和平"的长城精神。

河西锁钥，雄峙一隅，经无数烽火岿然不动；

丝绸古道，闻名于世，历兴衰变故重新启程。

雄关如铁，长墙如铸。经过沧海桑田的历史变迁，长城作为军事防御工具的实用性功能已经消退，而它的精神特质却在历史的演进中不断积淀、增长。

严关百尺界天西，万里征人驻马蹄。在新的时代，天下第一雄关嘉峪关仍然以崭新的姿态，赓续精神之火种、奋进之力量！

点点滴滴的长城故事，饱经风霜的长城文物，寄托了太多的民族情感，积累了太多的离情别绪，也彰显了中华民族的博大胸怀和顽强意志，因此，嘉峪关的历史，值得珍存！长城的故事，值得赞颂！